特种作业人员安全技术培训考核统编教材

企业内机动车辆驾驶员

（第二版）

国家《特种作业人员安全技术培训
大纲及考核标准》起草小组专家修订

中国劳动社会保障出版社

图书在版编目(CIP)数据

企业内机动车辆驾驶员/曹希桐等编．—2 版．—北京：中国劳动社会保障出版社，2005

特种作业人员安全技术培训考核统编教材

ISBN 978-7-5045-5163-4

Ⅰ．企…　Ⅱ．曹…　Ⅲ．机动车-驾驶员-行车安全-技术培训-教材　Ⅳ．U471.3

中国版本图书馆 CIP 数据核字(2005)第063742 号

中国劳动社会保障出版社出版发行

（北京市惠新东街 1 号　邮政编码：100029）

出 版 人：张梦欣

*

北京市科星印刷有限责任公司印刷装订　新华书店经销

850 毫米 ×1168 毫米　32 开本　6.875 印张　175 千字

2006 年 1 月第 2 版　　2024 年 12 月第 31 次印刷

定价：15.00 元

营销中心电话：400-606-6496

出版社网址：http://www.class.com.cn

编委会

内容提要

本书根据国家安全生产监督管理局于 2002 年 10 月颁布的《企业内机动车辆驾驶人员安全技术培训大纲及考核标准》编写，是企业内机动车辆驾驶人员安全技术培训考核用书。

本书系统介绍了企业内各种机动车辆驾驶员应学习掌握的安全技术理论知识和操作技能。全书共分两部分，第一部分是企业内机动车辆驾驶员安全技术培训内容，包括企业内道路安全要求，企业内机动车辆的构造、使用、维护及故障诊断，企业内机动车辆安全驾驶，常用企业内机动车辆安全操作规程，车辆防火安全知识，企业内车辆伤害事故，车辆驾驶员的培训与管理。第二部分是企业内机动车辆驾驶员安全技术考核复习题及试卷实例。

本书可作为企业内机动车辆驾驶员安全技术培训考核教材，还可作为企事业单位安全管理干部及相关技术人员的参考用书。

本书作者曹希桐为国家《企业内机动车辆驾驶人员安全技术培训大纲及考核标准》主要起草专家。

前言

我国《劳动法》规定："从事特种作业的劳动者必须经过专门培训并取得特种作业资格。"我国《安全生产法》还规定："生产经营单位的特种作业人员必须按照国家有关规定经专门的安全作业培训，取得特种作业操作资格证书，方可上岗操作。"

为了进一步落实《劳动法》《安全生产法》的上述规定，配合国家安全生产监督管理局依法做好特种作业人员的培训考核工作，中国劳动社会保障出版社根据国家安全生产监督管理局颁布的《安全培训管理办法》《关于特种作业人员安全技术培训考核工作的意见》《特种作业人员培训考核管理办法》，组织《特种作业人员安全技术培训大纲及考核标准：通用部分》起草小组的有关专家，对由原劳动部组织的我国第一套《特种作业人员培训考核统编教材》及《特种作业人员复审教材》，进行全面的修订。

修订后的《特种作业人员安全技术培训考核统编教材》（第二版）共计以下9种：（1）电工；（2）焊工；（3）起重机司机；（4）起重指挥司索工；（5）电梯维修与操作；（6）企业内机动车辆驾驶员；（7）登高架设工；（8）制冷空调设备维修与操作；（9）压力容器操作工。修订后的《特种作业人员安全技术复审教材》（第二版）共计以下9种：（1）电工作业；（2）金属焊割作业；（3）起重作业；（4）起重指挥司索作业；（5）电梯作业；（6）企业内机动车辆驾驶；（7）登高架设作业；（8）制冷与空调作业；（9）压力容器操作。第二版统编教材具有以下几方面特点：

一、突出科学性、规范性。本版统编教材是根据国家安全生产监督管理局统一制定的特种作业人员培训大纲和考核标准，由该培训大纲和考核标准起草小组的有关专家对全国第一套《特种作业人员培训考核统编教材》及《特种作业人员复审教材》进行全面修订的最新成果。因此，本版统编教材具有突出的科学性、规范性。

二、突出适用性、针对性。专家在修订编写过程中，根据国家安全生产监督管理局关于教材建设要在安全生产培训工作指导委员会的统一指导和协调下，本着“少而精”“实用、管用”的原则，对第一版统编教材进行全面修订。因此，本版统编教材具有突出的适用性、针对性。

三、突出实用性、可操作性。根据国家安全生产监督管理局关于“努力做好培训机构、培训大纲、考核标准、考试题库建设，构建安全培训的标准化体系”的要求，以及“统一规划，归口管理，分级实施，教考分离”的原则，有关专家在修订中，为以上9种培训教材和9种复审教材分别配套编写了复习题库和答案，并提供了相应的考核试卷样式。因此，本版统编教材又具有突出的实用性、可操作性。

总之，本版统编教材反映了国家安全生产监督管理局关于全国特种作业人员培训考核的最新要求，是全国各有关行业、各类企业准备从事特种作业的劳动者，为提高有关特种作业的知识与技能，提高自身安全素质，取得特种作业人员IC卡操作证的最佳培训考核与复审教材。

目录

第一部分　企业内机动车辆驾驶员安全技术培训内容

第一部分 企业内机动车辆驾驶员安全技术培训内容

第一章 概 述

第一节 企业内机动车辆驾驶员职业道德

一、道德与职业道德

道德是一种社会意识，是人们行为规范和准则的总和，是调整人与人之间、个人与社会之间关系的准则。它依靠和凭借传统习惯、内心信念、思想教育、社会舆论来制约人们的思想、行为，是评价人们思想行为、是非、善恶、荣辱的标准。评价道德的标准是道德规范和道德准则。道德规范和道德准则是应人们社会生活的客观需要而产生的，是社会存在决定社会意识的反映。作为一种社会行为规范，在不同的社会中和不同的发展阶段，有不同的道德规范和道德准则。

职业是人们在社会分工和劳动分工中，比较长期稳定的从事某种专门业务或履行某项特定职责的社会活动。职业道德是指从事一定职业的人们，在特定的职业生活中所应遵守的行为规范和准则的总和。

随着社会科技与经济的不断发展和社会文明的不断进步，职业道德也在不断发展和完善。社会主义职业道德是先进、高尚的，它继承了人类历史上一切职业道德的精华，是我国广大职工在各自工作和劳动中必须遵守的行为规范。

社会主义职业道德是社会主义精神文明建设的重要组成部分，是推动社会主义物质文明建设的精神动力；社会主义职业道德是维护正常的生产、工作秩序，保证其顺利进行的重要条件；社会主义职业道德是提高经济效益的重要条件；社会主义职业道德是调节人际关系的有力杠杆；社会主义职业道德对培养人才和促进人们的自我完善起着重要的指导作用。

二、企业内机动车辆驾驶员的职业道德

随着改革开放的深入发展、市场经济体制的建立和逐步完善，每个职业、每个岗位都必须遵守本岗位的职业道德，尽职尽责地做好本职工作，这也是国家对每位从业人员的基本要求。

企业内机动车辆驾驶员属于特种设备作业人员，驾驶员的工作对社会所承担的责任有一定的特殊性。企业内机动车辆驾驶员在工作中的任何一个疏忽、一个操作失误都将会给社会带来危害，给国家、集体财产和人民生命安全造成重大的损失。企业内机动车辆驾驶员必须对自己职业的重要性有足够的认识，不断地提高自己的政治思想素质、文化专业素质、心理素质和身体素质，自觉地遵守职业道德规范和约束自己的行为，促使高尚的社会主义道德风尚得以发扬光大。

作为一名有职业道德的企业内机动车辆驾驶员，应做到以下几方面：

1. 热爱本职，忠于职守，有主人翁的劳动态度

树立主人翁的劳动态度，就是要求每个职工忠于职守，以对国家、对集体、对人民高度负责的精神，忠实地履行本岗位的职责。这对于企业的安全生产工作来说具有重要的意义。

企业内机动车辆驾驶员肩负着企业内生产、生活物资等运输

的重任，是企业生产工艺过程中联系的纽带，是生产过程中的一个组成部分。特别是随着生产的发展，工业生产的现代化、大型化，企业内运输越来越显示出它的重要性，每一位企业内机动车辆驾驶员都应该为自己的工作在企业生产中所起到的重要作用而自豪，并以自己的聪明智慧和才干，在平凡的工作岗位上发出光和热。

2. 遵章守法，安全行车，有对人民负责的责任感

遵章守法、安全行车是企业内机动车辆驾驶员职业道德的重要内容。它是由驾驶员的职业特点决定的。遵章守法，就是要遵守有关交通和运输生产中的法规和规章制度；安全行车主要是指保证企业内生产、生活物资完好无损、及时地运达，并确保自身、他人和车辆的安全。

树立“安全就是效益”的思想，提高安全驾驶操作技能，努力探索安全行车规律。在生产实践中始终把人民群众的生命财产安全放在第一位。

3. 团结协作，顾全大局，有集体主义思想

现代化生产是建立在分工协作的基础上的。生产实践中缺少了协调、联系，就会打乱全局的生产节奏，不仅会影响生产任务的完成，而且还容易引发各种事故。所以每位职工、每个岗位都应当发扬团结协作的风格，相互关心、相互爱护、相互支持。企业内机动车辆驾驶员的生产、生活范围大，接触面广，其所从事的工作具有一定的危险性，因此更要加强团结协作，顾全大局，确保安全。

4. 钻研技术，规范操作，有高超的技术素质

机动车辆驾驶员要提高运输生产、装卸任务的效率，确保行车安全，必须掌握过硬的技术，严格遵守操作规程。增强自尊、自信、自强意识，勤奋学习新知识、新技术，学习和掌握科学文化知识，钻研生产技能，以便更好地履行岗位职责。

钻研技术，必须“勤业”，干一行，钻一行，精益求精；规

范操作是钻研技术的具体体现，即在操作过程中按照技术要求，遵章循矩，逐步形成规范的技能技巧，不盲目蛮干，为发展生产提供技术上的保证。

企业内机动车辆驾驶员必须做到“四懂”“三好四会”“三个过得硬”。“四懂”就是懂原理、懂构造、懂性能、懂交通法规。“三好四会”就是对车辆要用好、管好、维护好，会操作、会排故、会检测、会维修。“三个过得硬”一是安全设备过得硬，熟悉车辆上各种安全装置的用途，并正确使用；二是操作技术过得硬，在运输、装卸作业中要动作熟练、操作不失误；三是要在复杂情况下过得硬，能正确判断和预防事故，做到防患于未然。

5. 遵守劳动纪律，维护生产秩序，有高度的组织观念

企业内每位职工自觉遵守劳动纪律是最起码的准则。遵守劳动纪律首先要遵守规定的劳动时间，不迟到、不早退、不脱岗，有事要请假。遵守劳动纪律还要求做到服从分配，听从指挥和调配，工作时间绝对不可饮酒等。这些都是社会化大生产和驾驶员职业特点的客观要求。

遵守劳动纪律的另一个要求就是遵守安全生产的各项规章制度。企业内各工种的安全操作规程，既具有科学依据，又是生产经验和血的教训的总结，因此无论是新职工还是具有丰富经验的老师傅，都必须严格遵守。任何麻痹大意、违章违纪，都将导致事故的发生。严重时不仅会伤害本人，而且还会伤害他人以及给国家、集体乃至人民生命财产安全造成损失。

第二节　企业内运输在工矿企业生产中的地位和作用

随着经济建设的发展，厂矿企业内的机械化程度越来越高，企业内机动车辆在企业内运输中起着越来越重要的作用。车辆驾

驶人员掌握必要的驾驶技能和不断提高安全素质，增强安全驾驶意识，成为企业内运输安全的重要组成部分。为此，车辆驾驶人员应掌握企业内机动车辆运输的基本概念和有关安全知识。

一、企业内运输概念

在企业管理的道路上，根据生产需要、工艺流程、货运量、货物性质，在仓库、车间等位置之间将各种原材料、成品、半成品等物料进行搬运，以完成生产过程，称为企业内运输。用机动车辆完成的这个运输过程即称为企业内机动车辆运输。

二、企业内运输在生产中的地位和作用

随着生产规模的不断扩大，生产所需的原料、材料、设备、工具等供应量大幅度地增加，产成品的运输量也随之增加，迫切需要大量的现代化搬运设备，以适应现代化生产的需要。现在，各厂矿企业中的仓库、车间等部门都不同程度地装备了各种搬运设备，如叉车、装载机、电瓶车及拖拉机等。这些设备在减轻体力劳动，提高劳动生产率，完成各项生产任务中发挥了重要作用。许多经济发达国家的大企业，十分重视物料搬运在经济效益方面的作用，设计并制造了许多适合各种工况的装卸搬运机械，很大程度上解决了企业中的装卸搬运问题。合理装备和运用搬运设备已成为厂矿企业在实践和理论方面的一项重大的技术经济课题。

三、企业内安全运输的重要性

由于企业内机动车辆在厂矿企业内的生产环节中起着越来越重要的作用，因此，企业内机动车辆在厂矿企业内拥有的数量也在逐年增加。据从部分大城市了解，企业内机动车辆的拥有量都在万台以上，而且还在逐年增加。然而这些设备中有相当部分技术状况比较落后，再加上我国目前关于企业内运输安全的有关法规制度不健全，企业内运输安全没有得到应有的重视。具体体现在企业内机动车辆驾驶人员技术素质和安全意识差，车辆的技术状况差，运输安全方面的管理制度不健全、不落实等。因此，造成企业内机动车辆伤害事故频繁发生。加强企业内运输安全管理，保障运输安全，已成为当前十分重要的问题。

第三节　企业内运输车辆

一、企业内车辆运输的管理

根据国家有关规定，机动车辆的作业属于特种作业，应由国家有关职能部门进行管理。机动车辆的管理又分为3种情况：

（1）行驶于城市街道和公路的各类机动车辆，由公安交通部门管理。

（2）农用机动车辆，由农机部门管理。

（3）行驶于企业内的机动车辆，由特种设备安全监督管理部门管理。

企业内机动车辆运输的管理又分为对操作人员的管理和对车辆的管理。

企业内机动车辆的驾驶人员应接受特种设备安全监督管理部门的安全技术培训考核，取得安全技术操作许可证后方能进行车辆驾驶。

企业内机动车辆必须经特种设备安全监督管理部门检验合格，方能驾驶。车辆的安全性能必须符合有关要求。

二、企业内机动车辆的分类

企业内机动车辆是指只允许在企业内行驶的各类机动车辆。随着工业生产的发展，企业内交通运输车辆不断更新。目前企业内运输车辆的种类很多，根据国家标准《企业内机动车辆驾驶员安全技术考核标准》规定，企业内机动车辆一共分为10大类。

（1）大型汽车。总重量大于4 500 kg或总长度在6 m以上的货运汽车。

（2）小型汽车。总重量在4 500 kg（含）以下和总长度在

6 m（含）以下的货运汽车。

（3）大型转向盘式拖拉机。发动机功率为 14.7 kW（含）以上的转向盘式拖拉机。

（4）小型转向盘式拖拉机。发动机功率小于 14.7 kW 的转向盘式拖拉机。

（5）专用机械车。装有充气轮胎，可以在道路上自行行驶的专用机械车。主要包括内燃叉车、装载机、前置翻斗车、平摊机以及轮胎式挖掘机等。

（6）手扶式拖拉机。用手把操纵转向的轮式拖拉机。

（7）手把式三轮机动车。用手把操纵转向的三轮机动车。

（8）履带车。履带式机动车，包括履带式拖拉机、履带式推土机、履带式挖掘机等。

（9）蓄电池车。以蓄电池为动力、由电动机驱动的车辆，主要包括蓄电池搬运车、蓄电池叉车等。

（10）用于企业内运输的其他机动车辆。

以上对于企业内机动车辆的分类，只是一个很概括性的基本分类，它主要包括了在企业内常用或比较常用的机动车辆种类，没有对各种车型划分过细。另外，根据国家标准《工业企业内运输安全规程》中“限于企业内行驶的机动车，不得用于载人”的规定，从我国企业内机动车辆技术状况较差的实际情况出发，标准规定的企业内机动车辆分类中，没有包括各种客车、代客车等用于载人的车辆。

三、企业内机动车辆伤害事故的主要原因

根据对大量企业内机动车辆伤害事故的分析，影响企业内安全运输的主要因素有以下几个方面：车辆的技术状况不良，如制动失灵、转向失灵等因素，驾驶员不能有效控制车辆的运行状态，该停的时候停不下来，运行的方向不能控制，而造成伤害事故。驾驶员的技术素质和安全意识不强、企业内的作业环境不良和没有健全的企业内运输安全方面的规章制度，或有制度而没有认真遵守等，也是造成企业内机动车辆伤害事故的主要原因。

1. 车辆安全技术状况不良

我国对企业内机动车辆的安全管理起步较晚，对企业内机动车辆的技术标准、检验要求、有关安全管理的法规等也不健全。因此，造成很多企业对企业内机动车辆只顾使用，不进行维修保养，使车辆的技术状况越来越坏的结果。天津市从 1989 年开始对全市企业内机动车辆进行安全检验，发现有将近一半的车辆制动不合格，个别车辆一点制动也没有，还在行驶。转向不合格的车辆也占很大的比例。另外，车辆的灯光、声响等信号损坏、失灵，车辆各传动部位严重失油，各部位跑冒滴漏等现象也十分普遍。这样就给企业内运输的安全带来了很大的隐患。为保证运输安全，必须做到：

（1）车辆必须符合安全要求，定期接受特种设备安全监督管理部门的安全检验，并取得行驶许可证方能行驶。

（2）车辆的制动器、转向器、喇叭、灯光、后视镜必须保持齐全有效，行驶途中如发生故障，应停车修复后，方准继续行驶。

（3）车辆在使用过程中要定期进行维护保养，以使车辆始终保持良好的工作状态。

（4）应制定出对车辆的定期检查制度，及时发现车辆的故障，及时排除，以防止事故的发生。

2. 驾驶员的安全技术素质

驾驶员的安全技术素质的高低，是影响企业内运输安全的关键因素。驾驶员的安全技术素质，又包括了驾驶技术、对设备各部位技术状况的了解、排除故障的能力、运输安全规则的掌握程度等。为此，企业内机动车辆驾驶员必须做到：

（1）驾驶员必须经特种设备安全监督管理部门考核，并取得驾驶证，方准驾驶车辆。取得驾驶证的驾驶员在实际工作中，还要不断学习，提高驾驶技能。

（2）驾驶员应熟悉自己所学驾驶车辆的性能和技术状况，并能及时发现故障，及时排除。

（3）驾驶员应定期进行体检，凡患有驾驶禁忌证的人员不得从事驾驶作业。

（4）驾驶员应遵守企业内运输安全规则，不超速、不超载、不开带病车。

（5）不得驾驶无牌照车辆。

3. 企业内的作业环境

企业内作业环境的好坏直接影响企业内运输的安全质量。作业环境包括生产的工艺流程，货运量的大小，道路上的车流、人流的数量，建筑物的设置及其他杂物在道路上的堆放，道路上的交通信号标志等。为避免企业内机动车辆伤害事故的发生，应创造良好的企业内作业环境，因此应做到：

（1）根据工艺流程、货运量和货物性质选用适当的运输方式。

（2）合理地组织车流、人流，使道路上的车辆和行人不致过于密集，道路过于拥挤，避免发生事故。

（3）企业内的建筑物和绿化物严禁侵入道路的安全限界，并不得妨碍驾驶员的视线。

（4）企业内各种物品的堆放不得占用道路及阻塞交通。

（5）在道路上应设立交通信号标志，在危险地点，要有限制行驶速度的标志和交通信号，驾驶员应遵守这些标志和信号。

四、企业内安全运输的基本措施

道路运输是工业企业中普遍采用的一种运输方式，随着企业内机动车辆数量的增多，车辆伤害事故也频繁发生。为保证企业内运输安全，应做到以下几点：

1. 驾驶员的安全素质

车辆必须由持有特种设备安全监督管理部门核发的驾驶证的驾驶员驾驶，驾驶员应不断学习，提高驾驶技术，以保证安全行驶。各单位应经常对驾驶员进行安全教育，以提高驾驶员的安全素质。

2. 车辆的技术状况

车辆经常保持良好的技术状况，是保证企业内安全运输的重要技术措施之一。为此，应选用专业生产厂家的定型产品。在使用过程中应定期进行维护和维修，发现存在影响安全的故障时，应立即停止运行，不开带病车。

3. 企业内道路

企业内道路的好坏也直接影响企业内运输的安全质量。在企业内道路交叉口处，为保证行车安全，应有足够的会车视距，即车辆在弯道口，驾驶员可以清楚地看到弯道口另一侧的情况，在这一视距范围内不应有建筑物或树木等遮挡物。当道路与铁路平交时，交叉口应尽量设置在瞭望良好的地点。企业内道路还应经常保持良好的路面，路面要平坦、坚实，并不得堆放杂物，影响车辆行驶。道路上还应按有关规定设置交通安全信号标志。

4. 车辆的管理

企业内应设立专门的车辆管理部门，加强对企业内机动车辆的安全管理，负责组织对驾驶员的安全教育，检查安全行车情况，制定安全操作规程和奖惩制度，对车辆应建立技术档案。管理人员应随时掌握车辆的技术状况，制定维修计划并按期落实，企业领导应在资金上给予保证。企业的有关部门还应根据各自的作业特点，合理布置企业内机动车辆的工艺流程，使车辆的行驶路线处在最合理的路线上，即运输距离最短、行驶路线上人流少、道路平坦等。这样就可以减少或控制危害。

总之，不断提高驾驶员的安全技术素质，经常保持车辆良好的技术状况，加强对企业内运输安全的管理，是企业内安全运输的基本保障。

第二章

企业内道路安全要求

企业内道路，是根据企业生产的需要及企业内安全运输的需要和发展形成的，包括两个方面：一是指企业内道路环境物，即企业内道路和企业内道路上附设的安全设施；另一方面是非物的，即人应如何从意识上认知企业内道路环境，适应企业内道路环境，在复杂的企业内道路环境中做出正确的判断，达到安全行车的目的。

因此，企业内机动车辆驾驶员，不但要具有熟练的操作技能，而且还要具有适应各种条件、各种作业环境的能力。企业内道路环境是影响企业内安全运输及职工人身安全不可忽视的重要因素之一。

第一节　企业内道路

企业内道路是企业内安全运输及安全生产的重要组成部分。企业内道路网是根据企业生产发展及安全运输的需要而出现的各种类型不同的企业内道路。随着企业的不断发展、生产者和企业内机动车辆的增加，企业内原有道路将不适应企业内机动车辆行驶和作业的需要。因此，一方面要改善企业内原有道路，提高通行能力及作业环境；另一方面要重点开辟带有关键性的新路及作业场地。合理的道路网，能以最少的工程投资获得最大的经济效益；反之，造成投资和基建用地的浪费。企业内道路网规模过小，不能适应企业安全生产和企业内安全运输的需要，会造成企业生产不便。企业内道路建设的好坏，除直接影响企业安全生产及企业内安全运输外，还反映企业面貌及企业性质和特点。

一、企业内道路的定义

企业内道路是指用于企业安全生产和发展需要的道路。一般来说，整个企业内机动车道、企业内非机动车道、企业内人行道，以及企业内道路安全标志，加之绿化栽植等也要作为道路附属工程，都在企业内道路范围。企业内道路的设计应符合《厂矿道路设计规范》（BGJ 22—1987）。

二、企业内道路的分类

企业与外界的车流量和人流量不同，企业生产性质、建筑物性质的不同，车间与车间、车间与仓库、车间与堆场不同，因此，对企业内道路的要求也不同。为适应不同的要求，企业内道路应有主次之分。在划分企业内道路类别时，应根据企业内道路的作用、性质而定。根据有关规定，将企业内道路分为 6 类。

1. 主干道

全企业性的主要道路，一般为主要出入道路。

2. 次干道

企业内车间、仓库、堆场、码头之间的主要交通道路。

3. 辅助道路

车辆和行人通过较少的道路（如专供通往企业外泵站、变电所等的道路）以及消防通道。

4. 车间外道

车间、仓库等出入口与主次干道或辅助道路间连接的道路。

5. 车间内通道

设备、工序之间半成品、成品的运输道路。

6. 人行道

车间之间的人行通道和人流量较大的主干道两侧的人行道。

第二节　企业内道路的基本安全要求

一、企业内道路

企业内的安全运输，首先要求道路的平面布置、宽度、路面、路层、土坡等应适应企业发展需要，并设置交通标志，其设置位置、形式、尺寸、颜色等均须符合国家有关部门颁布的规定。

企业内道路设计应符合《厂矿道路设计规范》和《工矿企业厂内运输安全规程》的规定。

（1）路面宽度和纵截面坡度应满足表 2—1 的要求。

表 2—1　　路面宽度和纵截面坡度

<table>
<tr><th colspan="3">道路分类</th><th>主要道路</th><th>次要道路</th><th>辅助道路</th><th>厂房引道</th></tr>
<tr><td rowspan="3">路面宽度（m）</td><td rowspan="3">汽车</td><td>大型厂矿</td><td>7～9</td><td>6～7</td><td>3.5～6</td><td rowspan="3">与车间大门宽度相适应</td></tr>
<tr><td>中型厂矿</td><td>6～8</td><td>3.5～6</td><td>3.5</td></tr>
<tr><td>小型厂矿</td><td>6</td><td>3.5</td><td>3</td></tr>
<tr><td rowspan="3">最大纵截面坡度（%）</td><td rowspan="2">汽车</td><td>平原地区</td><td>6</td><td>8～9</td><td>8～10</td><td>与车间大门宽度相适应</td></tr>
<tr><td>山　区</td><td>8</td><td>8～9</td><td>8～10</td><td>8～11</td></tr>
<tr><td colspan="2">蓄电池搬运车</td><td>4</td><td>4</td><td>4</td><td>5</td></tr>
</table>

注：1. 计算车速为：汽车 15 km/h，蓄电池搬运车 8 km/h。
　　2. 经常运送易燃、易爆危险品专用道路最大纵截面坡度不得大于6%。

道路的纵截面坡度通常用某坡度两点间高度差（垂直距离）与道路中心线的水平长度（水平距离）的百分比来表示。这个百分比数越大，坡路越陡；反之，坡路越缓，如图 2—1 所示。

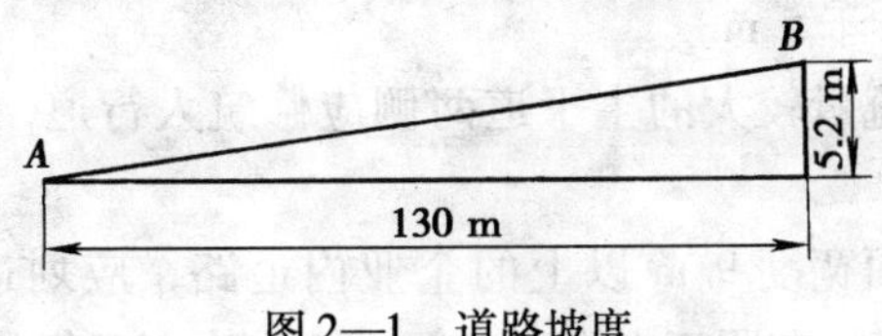

图 2—1　道路坡度

A、*B* 两点的水平距离为 130 m，高度为 5. 2 m，其比值 5. 2∶130等于 4%，即为其坡路的纵截面坡度。

（2）企业内机动车辆最小转弯半径应满足表 2—2 的要求。

表 2—2　　　　　　　　最小转弯半径

车辆类型	最小转弯半径（m）
40 ~ 60 t 平板车	15 ~ 18
15 ~ 25 t 平板车	12 ~ 15
汽车带一辆挂车	9 ~ 12
二轴载重汽车	8 ~ 9
三轮车、电瓶车	3 ~ 4

（3）道路交叉口处和纵断面高度处，应保证车辆驾驶员有足够的视野，如表 2—3 的视距范围内不应有阻碍视线的阻碍物。

表 2—3　　　　　　　　视　距

视距类别	视距（m）
会车距离	30
停车视距	15
交叉口视距	20

（4）停车场内为了便于排水，一般应采用5%~ 10% 的坡度，停车场布置的尺寸应符合有关规定。

（5）企业内道路平行于铁路线与铁路路基在同一平面时，其间应有排水沟，道路边缘与铁轨的最小距离不应小于 3 m。

（6）跨越道路上空架设的管线和其他构筑物距离路面的最小净距不得小于 5 m。

（7）人流量较大的主干道两侧应修筑人行道，其宽度不应小于 1. 5 m。

（8）路面宽度 9 m 以上的企业内道路，应划道路中心线，实行分道行车。在职工上下班时间内，在人流密集的出入口和地段应停止行驶机动车辆。

(9) 易燃、易爆产品的生产区域或储存仓库区，应根据安全生产的需要，将道路划分为限制车辆通行或禁止车辆通行的路段，并设置交通标志。

(10) 企业内道路应保持路面平整，路基稳定，边坡整齐，排水良好，并有良好的照明设施。

(11) 企业内道路应设置交通标志，其设置位置、尺寸、颜色等均须符合国家安全标志的要求。

(12) 工厂或各主要车间应设置自行车棚，对自行车集中管理。

二、车间通道

1. 车间、库房的门洞尺寸

车间、库房的门洞应符合表2—4 的规定。

表 2—4　　最小门洞尺寸　　m

通行要求	单人	双人	手推车	轻型载货汽车	中型载货汽车	重型载货汽车	穿进车间的防滑车道	汽车起重机	铁路车辆机车
门洞宽	0.9	1.5	1.8	3	3.5	3.6	4	4	4.5
门洞高	2.1	2.1	2.1	2.7	3	3.9	4	4	5.4

车间、库房的进出口应根据车间、库房通道情况和作业区域情况设置安全标志或限速标志。

2. 车间、库房内的宽度尺寸

车间、库房内的通道宽度应符合表 2—5 的规定。

三、企业内道路交叉口

企业内道路交叉口是指两条或两条以上的道路相交处，也是企业内机动车辆、企业外机动车辆和职工人流汇集、转向、疏散的必经之处，同样也是道路阻滞和道路伤害事故的主要发生处。

1. 企业内道路交叉口的基本冲突

表 2—5　　车间、库房通道的宽度

通道要求	最小宽度（m）
行人通道	≥1
电瓶车通道	≥1.8
电瓶车对开通道	≥3
汽车或叉车通道	≥3.5

注：1. 宽度标志线应明显清晰。
2. 跨度之间通道上的平板车轨道应埋在地坪内。
3. 进入车间的铁路线轨道顶面应与地面平齐。

车辆行至交叉口，有可能与同向车辆、横向车辆和对方车辆以及行人发生冲突，即交叉冲突、合流冲突、分流冲突与交织冲突等。

（1）交叉冲突。车辆从两个不同方向进入交叉口，继续向前行驶，即产生一个冲突点，如图 2—2a 所示。

（2）合流冲突。两个不同方向的机动车辆汇合成一个方向的车辆流，它们的汇合点，即合流冲突点，如图 2—2b 所示。

（3）分流冲突。车辆由一个方向分成两个不同方向行驶，它们的分流点，即分流冲突点，如图 2—2c 所示。

（4）交织冲突。两方向车辆在短距离内进行合流、分流的冲突，如图 2—2d 所示。

为避免和减少车辆伤害事故的发生，企业内机动车辆驾驶员在通过交叉路口时，要特别提高警惕，防止事故的发生。

2. 对企业内道路交叉口的一般要求

企业内道路交叉口的交叉角应尽量保持直角（正交）。

（1）正交路口驾驶员左右视野范围能达到最大值 80°，易于对路口左右两侧的来往车辆进行观察。

（2）正交口车辆形成的冲突区域应最小，冲突区过大，会引起驾驶员的思想混乱，对行车安全不利。

（3）企业内道路交叉口，应有足够路口最小视距的直线路段，目的是使驾驶员能在安全视距范围内看到交叉口的情况，以

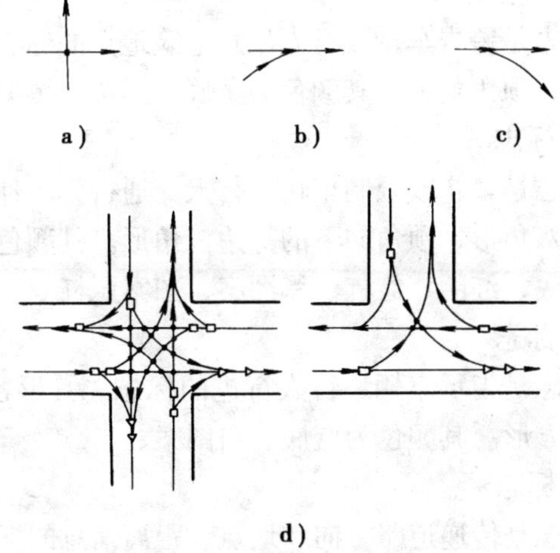

图 2—2 企业内道路交叉口的基本冲突

便采取相应的行车措施。

(4) 企业内道路交叉口前行道不应存在坡道，应为水平状，停车时不致打滑和造成起步困难（尤其是在雨季、冬季更显重要）。

第三节 交通标志与标线

为了加强交通管理，维护交通秩序，保证交通安全与畅通，以适应社会主义现代化建设的需要，国家颁布了《交通标志与标线》(GB 5768—1999)，对交通标志等进行了统一规定。企业内机动车辆驾驶人员必须熟悉交通标志，并严格遵守，以避免各种伤害事故的发生。(交通标线略)

道路交通标志分为主标志和辅助标志两大类。

一、主标志

主标志包括警告标志、禁令标志、指示标志、指路标志等。

1. 警告标志

警告标志是警告车辆、行人注意危险地点的标志。其形状为等边三角形，顶角朝上。其颜色为黄底、黑边、黑图案。

2. 禁令标志

禁令标志是禁止或限制车辆、行人交通行为的标志。其形状分为圆形、八角形、顶角向下的等边三角形。其颜色除个别标志外，均为白底、红圈、红杠、黑图案，图案压杠。

3. 指示标志

指示标志是指示车辆、行人行进的标志。其形状分为圆形、长方形和正方形。其颜色为蓝底、白图案。

4. 指路标志

指路标志是传递道路方向、地点、距离信息的标志。其形状（除地点识别标志、里程碑、分合流标志外）为长方形和正方形。一般道路标志牌为蓝底、白图案，高速公路为绿底、白图案。

二、辅助标志

辅助标志是附设在主标志下，起辅助说明作用的标志。其形状为长方形。其颜色为白底、黑字、黑边框。

第三章

企业内机动车辆的构造

企业内机动车辆主要是用来完成企业内搬运作业的运输装卸工具，包括货运汽车、叉车、装载机和蓄电池车等。

汽车作为一种现代化交通运输工具具有机动灵活、方便可靠、对道路的要求不高的优点。叉车在举升搬运作业中机动性强、效率高。装载机可完成灰、煤、沙、石的装运作业或堆垛、铲挖等作业。蓄电池车具有结构简单、操作方便、环境污染小、特别适宜库房内作业等优点。企业内机动车辆既然有这些特点，就要充分发挥这些优势。因此，延长车辆的使用寿命，保证运行生产的安全，更好地为生产服务，就需要比较系统地了解车辆的构造，掌握车辆的性能等。

第一节　企业内机动车辆总体构造

企业内机动车辆的分类已经在第一章中进行了介绍。从分类中我们可看到，这些车辆的动力大致可以分为两类。一类是以内燃机作为动力，一类是以电动机作为动力。

一、汽车的总体构造

汽车是由动力装置驱动，具有4个或4个以上车轮的非轨道无架线的车辆。各类汽车的机构和装置的构造及原理大体上是相同的，一般可分为4个组成部分，即由动力装置、底盘、车身、电气设备组成。

1. 动力装置

动力装置即发动机，它的功用是使发动机汽缸内的燃料燃烧，并把燃烧的热能转换为机械能，而发出动力。汽车用发动机主要是四行程、往复活塞式发动机，按所使用的燃料可分为汽油发动机（简称汽油机）和柴油发动机（简称柴油机）两种（另外还有燃气汽车、乙醇作为燃料的汽车等，略）。载重量在 4 t 以下的汽车发动机多为汽油机，载重量在 8 t 以上的汽车发动机几乎都是柴油机。

2. 底盘

底盘是汽车的主体，它的功用是支承全车，接受发动机发出的动力，使汽车产生运动，并按照驾驶员的意志正常行驶。它主要由传动系、行驶系、转向系、制动系等组成。

3. 车身

车身是用以安置驾驶员和货物的。主要包括驾驶室和货箱。

4. 电气设备

电气设备的功用是储存与供给电能，启动发动机，点燃混合气，为行车照明、声响及信号提供电能等。主要由蓄电池、发电机、启动机、点火装置及汽车的照明信号等供、用电设备所组成。

二、平衡重式内燃叉车

叉车由自行的轮式底盘和一套能垂直升降，前后倾斜的装卸货物工作装置组成。叉车根据动力装置的不同，分为内燃机叉车和蓄电池叉车。蓄电池叉车将在后面介绍。

1. 动力装置

内燃机叉车的动力装置大部分是采用柴油机，只是在起重量较小的叉车中采用汽油机。其功用是供给叉车行走机构和起重机构所需的动力。

2. 底盘

叉车的底盘作用与汽车底盘的作用基本相同，但由于叉车的特殊功用，与汽车底盘在结构上有所不同。汽车的转向桥在前面，驱动桥在后面。而叉车为了操纵方便和承载要求，驱动桥在前，转向桥在后。为了保持叉车的纵向稳定性，叉车还在转向桥的后面设置了平衡重块。

3. 车身及工作装置

叉车的车身的功用是为驾驶员提供操作环境及对整车各部机件起防护作用。工作装置的功用是装卸货物，由叉车起重机构和液压传动系统两大部分组成。

4. 电气设备

电气设备包括蓄电池、发电机、启动机和发动机点火装置及照明、信号、仪表等装置。

三、装载机

1. 装载机定义

装载机又称“铲车”。顾名思义，它是用铲取散货的装置，将物料由料场转装到其他运输车辆或地点的装卸机械。

普通的装载机是轮胎式的，也有履带式的，使用量大的是轮胎式。

2. 装载机构成

装载机由动力装置、底盘、车身与工作装置、电气设备 4 部分组成。

（1）动力装置。动力装置基本上采用柴油机，只是在铲斗容量较小的装载机中采用汽油机。

（2）底盘。底盘的功用与汽车基本相同，但车架有铰接式和整体式两种。

（3）车身与工作装置。工作装置主要由铲斗、铲斗升降机构和铲斗倾翻机构组成。

（4）电气设备。电气设备与汽车、叉车基本相同。

四、蓄电池搬运车

（1）动力装置。动力装置是一台直流串激式电动机。

（2）底盘。底盘的功用与汽车底盘功用基本相同。它主要由车架、转向装置、制动装置、行走装置构成。

（3）车身。驾驶员操纵车辆的方式分为坐式和立式两种，立式操作已逐渐被淘汰，驾驶室有的是敞开式。运送物料由平台或货箱完成。

（4）电气设备。电气设备主要由蓄电池、电气控制系统及照明、信号等装置组成（直流串激式电动机已列入动力装置）。

五、蓄电池叉车

蓄电池叉车与内燃机叉车相比，工作能力方面是基本相同的，但在总体构造方面有一定的差异。蓄电池叉车的动力装置由两台分别驱动前桥（驱动桥）和油泵的直流串激电动机组成。另外，与蓄电池搬运车不同的是，蓄电池叉车的工作装置由起重机构、液压控制系统组成，用以完成货物的叉取、举升、降落及堆码等作业。

第二节　汽油发动机

发动机是由许多机构和系统组成的，这些机构和系统按一定的顺序和程序参加发动机的工作循环，把热能转换为机械能，实现动力输出。

汽油发动机尽管形状、形式不一样，但一般都是由两个机构和5个系统组成的，即机体—曲轴连杆机构、配气机构和燃料供给系、点火系、冷却系、润滑系和启动系。

一、机体—曲轴连杆机构

机体—曲轴连杆机构由机体组（汽缸体曲轴箱组）、活塞连杆组和曲轴飞轮组3部分组成。它是发动机的主体，是将热能转变为机械能和将活塞的直线运动转变为曲轴的旋转运动的原动机构。

1. 机体组

机体组包括汽缸体、上下曲轴箱、汽缸盖和汽缸垫等。

汽缸体是构成发动机的基体骨架，在其内外安装发动机的零部件及附件。

由于活塞在汽缸内高速运动及燃气燃烧时产生高温，所以汽缸的磨损及烧蚀等是相当严重的。为了延长汽缸体的寿命和降低造价，广泛地采用在汽缸体内镶入单独制成的汽缸套的结构。汽缸套有干式和湿式两种。干式汽缸套镶入缸体后，不与冷却水直接接触，如图 3—1 所示。湿式汽缸套外表面与冷却水接触，由缸套密封环密封，如图 3—2 所示。

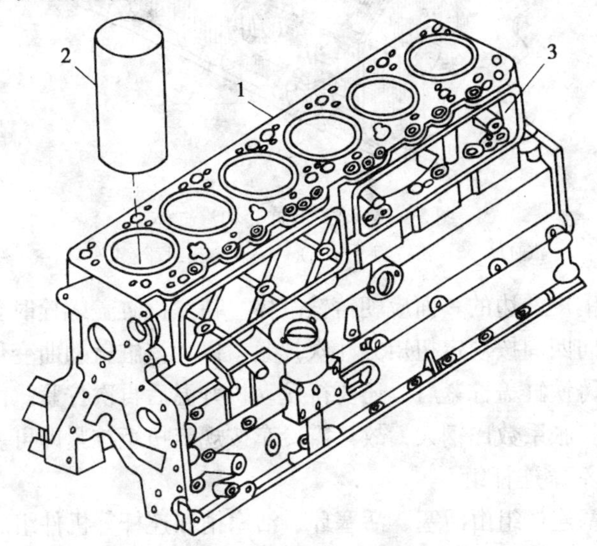

图 3—1　干式汽缸套和汽缸体

1—汽缸体　2—汽缸套（干式）　3—挺杆室

上曲轴箱与汽缸铸成一体，下曲轴箱通过螺栓与上曲轴箱连接，下曲轴箱同时用以存放发动机机油。

汽缸盖主要用来封闭汽缸上部并构成燃烧室。汽缸盖与汽缸体之间用衬垫——汽缸垫密封，通过螺栓或螺柱紧固。汽缸盖多用灰铸铁铸造，也有用铝合金铸造的。灰铸铁汽缸盖在安装汽缸垫时，有铜皮卷边的一面应朝缸盖，铝合金汽缸盖在安装汽缸垫

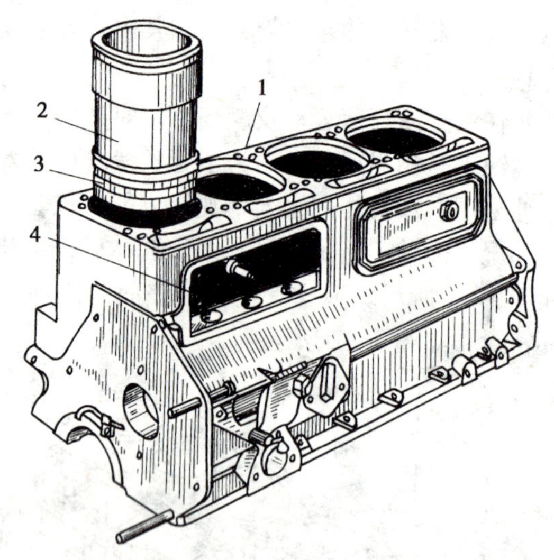

图 3—2　湿式汽缸套和汽缸体

1—汽缸体　2—汽缸套（湿式）　3—缸套密封环　4—气门室

时，有铜皮卷边的一面应朝铸铁缸体。扭紧汽缸盖螺栓时要由中央对称向四周按规定扭矩分几次拧紧，以免汽缸盖翘曲变形造成漏气。铸铁缸盖拧紧后，还要待发动机升温后再次拧紧。由于铝合金的膨胀系数比钢大，故只需冷车按规定扭矩拧紧即可。

2. 活塞连杆组

活塞连杆组由活塞、活塞环、活塞销和连杆等机件组成。

活塞的作用是与汽缸盖等部件共同组成燃烧室，承受燃气压力，经连杆将动力传送给曲轴，并受连杆带动完成进气、压缩和排气 3 个非动力行程。

活塞大都采用铝合金制成。活塞由顶部、头部和裙部 3 部分组成。汽油机的活塞顶部一般多是平的，其优点是制造简单、吸热面积小。柴油机活塞顶部由于混合气形成，燃烧过程或换气过程的需要，形状多种多样。

活塞的头部切有若干道活塞环槽，用以安装气环和油环。油环槽底面上钻有许多径向小孔，油环从缸壁上刮下的多余润滑油经小孔流回曲轴箱。

活塞裙部用来引导活塞在汽缸内运动，并承受侧向力。裙部制有活塞销座，用来安装活塞销。

活塞环有气环和油环两种。气环用来密封汽缸，并将活塞顶部的热量传给缸壁。油环装在气环的下方，是用来刮掉汽缸筒壁上多余的机油，并改善活塞与汽缸的润滑条件。

活塞环一般用特种灰铸铁制成，弹性好，在自由状态下，环的外径略大于汽缸直径，当装入汽缸后产生一定的径向弹力紧压在缸壁上。活塞环的两个端面留有一定的间隙，以防止活塞环受热膨胀卡死造成“拉缸”。

为了保证活塞环的密封，避免气体从环的端隙漏过，安装活塞环时，一定要将各环的切口端隙按规定错开。

连杆用于连接活塞和曲轴，把活塞的往复直线运动与曲轴的旋转运动进行转换，并传递活塞与曲轴的力。

连杆分为小头、杆身、大头 3 部分。

为了保证发动机的正常工作和减少能量损失，要求连杆在尽可能小的重量下，达到一定的刚度和强度，所以连杆的杆身大多制成“工”字形断面。

连杆小头用来安装活塞销，大头与曲轴曲柄销相连。

活塞销是用来连接活塞与连杆小头的。

3. 曲轴飞轮组

曲轴飞轮组由曲轴、飞轮及曲轴正时齿轮、曲轴带轮等组成。

曲轴的作用是将活塞的往复直线运动变为曲轴的旋转运动，并在作功行程时将通过连杆传递来的动力转变成扭矩，并通过飞轮输送给底盘的传动机构，通过连杆推动各缸的活塞进行进气、压缩和排气，以及驱动配气机构及其他辅助装置。曲轴是发动机的主要机件之一。

为了保证多缸发动机工作时，各缸作功间隔应力求均匀及避免相邻缸进气重叠现象（即相邻两缸进气门同时开启），多缸发动机必须有一定的发火次序。

在说明发动机的发火次序前，首先介绍一下汽缸的编号方法。习惯上，都以靠近水箱的汽缸为前面，由前向后顺序编号。例如，四缸发动机的汽缸编号是1、2、3、4。

四缸发动机的发火次序有两种排列法：1—2—4—3 或 1—3—4—2。

六缸发动机的发火次序也有两种：1—5—3—6—2—4 或 1—4—2—6—3—5（国产机采用前一种）。

飞轮的作用是储存能量，稳定转速，同时又用作传动系中摩擦式离合器的驱动件。飞轮外缘上压有一个齿圈，可与启动机的驱动齿轮啮合，供启动发动机用。也有的发动机将第一缸上止点记号和发火正时记号标记在飞轮上，以便进行调整和检修。有些发动机的正时记号不在飞轮上，而是标在曲轴前端的带轮上。

二、配气机构

1. 配气机构

配气机构的作用是按照发动机的工作顺序，适时地开闭进、排气门，完成汽缸内的换气过程。配气机构主要由气门组和气门传动组组成。

按气门组的布置形式分类，主要有气门顶置式和气门侧置式两种（见图 3—3 和图 3—4）。

顶置式配气机构气门组主要由气门、气门弹簧及座、气门导管等组成。气门传动组主要由正时齿轮、凸轮轴、挺杆、推杆及摇臂等组成。

侧置式配气机构气门组主要由气门、气门座、气门导管、气门座圈等组成。气门传动组主要由凸轮轴、气门挺杆导管、挺杆等组成。

侧置式配气机构与顶置式配气机构相比较，虽然结构简单，

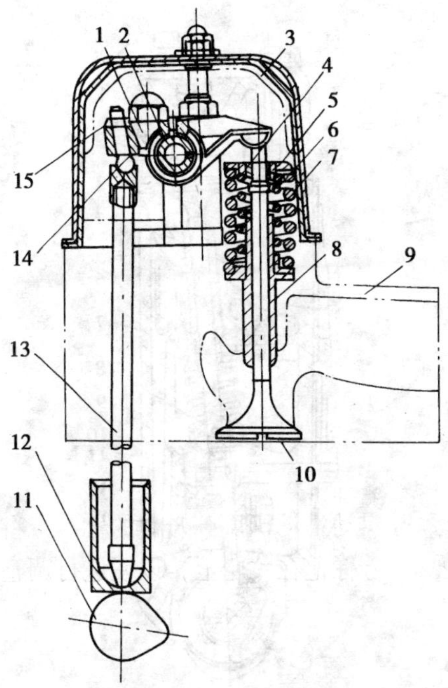

图 3—3　气门顶置式配气机构

1—摇臂　2—摇臂轴　3—气门室罩　4—锁片　5—气门弹簧座　6—气门副弹簧　7—气门主弹簧　8—气门导管　9—汽缸盖　10—气门　11—凸轮轴　12—挺杆　13—推杆　14—气门间隙调整螺钉　15—锁紧螺母

组成元件少，但进气气道弯处多，进气阻力大，因此，发动机动力性和经济性能指标较低，侧置式配气机构已趋于淘汰。

2. 气门间隙

发动机运转时，气门等零件会因温度升高而膨胀。如果气门及传动件在冷态装配时没有预留间隙而紧密接触，在温度升高后，气门会因膨胀导致关闭不严造成漏气。为了保证发动机在任何工况下气门都能闭合，通常在气门与挺杆（侧置式）或气门与摇臂（顶置式）之间留有适当的间隙，以补偿气门的热膨胀，此间隙称为气门间隙。部分国产汽车发动机的气门间隙见表 3—1。

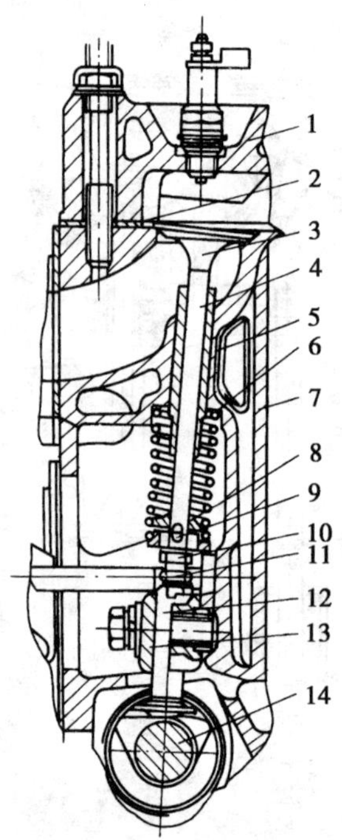

图 3—4　气门侧置式配气机构

1—汽缸盖　2—汽缸垫　3—气门　4—气门导管　5—汽缸体
6—气门弹簧　7—汽缸壁　8—气门弹簧座　9—锁销　10—调整螺钉
11—锁紧螺母　12—挺柱　13—挺柱导管　14—凸轮轴

表 3—1　　部分国产汽车发动机的气门间隙

车型	气门间隙（mm）	
	进气门	排气门
解放 CA10B	0.20～0.25 （冷、热相同）	0.20～0.25 （冷、热相同）
东风 EQ140	0.20～0.25（热）	0.20～0.25（热）
跃进 NJ130	0.23（冷）	0.28（冷）
黄河 JN150 JN151	0.25（冷）	0.30（冷）
北京 BJ212	0.20（热）	0.25（热）
上海 SH130	0.10（冷）	0.12（冷）

三、燃料供给系

燃料供给系是根据发动机的各种不同工况要求，配制出一定数量和浓度的可燃混合气体，混合气体进入汽缸，在临近压缩终了时，点火燃烧而膨胀动作。最后，供给系还要将燃烧后的废气排至大气中。

燃料供给系主要由汽油箱、汽油滤清器、汽油泵、空气滤清器、化油器、进排气歧管和消声器等组成。

四、点火系

目前应用在汽车发动机上的点火均系电火花点火。电火花点火是通过一定的电气装置和机件，将汽车的低压直流电经点火线圈升变为高压电，电压达 15 ~ 20 kV 以上，利用装在汽缸燃烧室内的火花塞间隙放电，产生电火花点燃可燃混合气体作功。点火系要能按发动机工作的要求而自动调节点火时间，准确、可靠地点火。

点火系按电源的不同，可分为蓄电池点火装置和磁电机点火装置。在汽车上广泛应用的是蓄电池点火装置。

蓄电池点火装置由低压电路和高压电路两部分组成。低压电路包括蓄电池、发电机、电流表、点火开关、低压断电器和点火线圈中的一次线圈等。高压电路由点火线圈中的二次线圈、分电器、高压导线及火花塞等组成。

五、冷却系

冷却系的作用是使发动机的温度保持在一定范围之内，保证发动机具有良好的工作条件。通常采用的冷却方式有风冷式和水冷式两种。

风冷式主要靠风扇或行驶时的空气流吹刷缸体和缸盖周围的散热片表面来冷却。优点是结构简单、维修方便、环境适应性强。缺点是冷却不太可靠，消耗功率大等。

水冷式是通过冷却水的强制循环，在发动机水套内进行热交换后，再经散热器将热量散发到大气中去。

水冷式主要由散热器（水箱）、风扇、节温器、水温表、水泵、水套、百叶窗等主要机件组成。

发动机的正常工作温度保持在80～90℃的范围内。

六、润滑系

润滑系的作用是将润滑油供应至各摩擦表面，以减小发动机内部的摩擦阻力和零件的磨损。其具体的功用有：

1. 润滑作用

使各摩擦部位得到充分的润滑油，在摩擦表面形成润滑油膜，以减轻机件的磨损和动力损失。

2. 冷却作用

由于润滑油的循环流动，可以带走摩擦表面所产生的部分热量，对机件产生降温作用。

3. 密封作用

润滑油在汽缸壁与活塞环之间形成的油膜提高了汽缸的密封性。

4. 清洁作用

循环流动中的润滑油将摩擦脱落的金属屑及其他硬物颗粒（如炭渣等）带走，清除了机件表面的杂质。

润滑系还具有降噪等作用。

润滑系主要由集滤器、机油泵、滤清器（粗、细）、限压阀、机油盘等组成。

七、启动系

启动系的功用就是使静止状态的发动机启动并转入自行运转。

启动系主要由蓄电池、启动机、启动开关等组成。

八、四行程汽油发动机工作原理

1. 几个常用的术语

（1）上止点。活塞离曲轴中心最远处，通常指活塞的最高位置。

（2）下止点。活塞离曲轴中心最近处，通常指活塞的最低位置。

（3）活塞行程。上、下止点之间的距离。

2. 四行程汽油机的工作循环（见图 3—5）

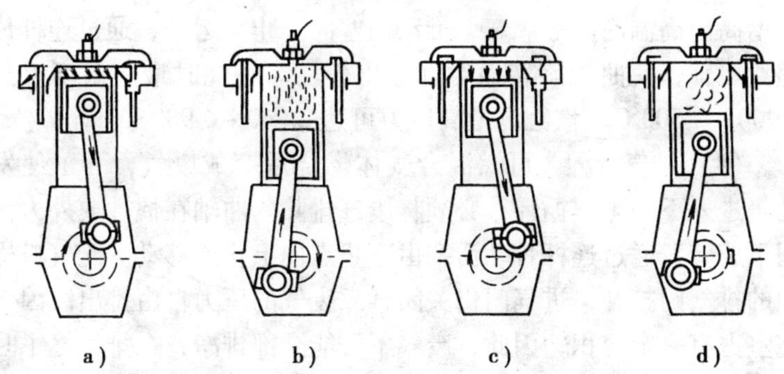

图 3—5　四行程汽油机工作循环简图

a）进气行程　b）压缩行程　c）作功行程　d）排气行程

（1）进气行程。曲轴接受启动机或其他汽缸工作行程传递来的动力作旋转运动，通过连杆带动活塞自上止点向下止点移动，活塞上方的容积增大，汽缸内的压力低于大气压力。配气机构的进气门打开，排气门关闭。燃料供给系中的汽油在化油器内与经空气滤清器进入化油器的空气混合成可燃混合气体。可燃混合气体经进气门在汽缸内外的压力差作用下，被吸入汽缸。当活塞到达下止点，进气门关闭，进气行程结束。由于进气行程是排气行程后的新的工作循环，汽缸内往往残留上个循环残余的高温废气，可燃混合气与之混合后，温度可上升到 80 ~ 130℃，汽缸内压力达 74 ~ 88 kPa。

（2）压缩行程。曲轴继续接受外力旋转，通过连杆带动活塞由下止点向上止点移动。配气机构中的进、排气门均关闭。随着活塞的不断上行，活塞上部的容积减少，可燃混合气体被压缩，温度上升。活塞到达上止点，压缩行程结束。此时可燃混合气体温度达 300 ~ 500℃，汽缸压力达 686 ~ 1 470 kPa。

（3）作功行程。在压缩行程终了时，点火系工作，火花塞释放电火花，将可燃混合气体点燃。配气机构中的进、排气门仍关闭。可燃混合气体燃烧放出大量热量，使气体的温度和压力迅速增高。高温高压的燃气，推动活塞向下止点运动，通过连杆传递给曲轴，使曲轴旋转而对外输出作功。燃烧时最高温度可达1 900～2 500℃，汽缸内最高压力可达2 940～4 900 kPa。

（4）排气行程。可燃混合气体燃烧后变成废气，为了使发动机进入下一工作循环，必须将废气排除。曲轴在惯性或外力作用下旋转，通过连杆带动活塞由下止点向上止点移动。配气机构中的排气门打开，进气门仍关闭，靠废气的压力自由排出。因燃烧室占有一定容积，因此，废气不可能全部排净，在排气终了时废气的温度仍达600～900℃，废气的压力为102.9～122.5 kPa。

综上所述，可以看出汽油机的进气、压缩、作功、排气4个行程是连续的过程，构成了一个工作循环。4行程发动机的活塞在上、下止点间往复运动4个行程，相应地，曲轴转了两圈。

九、汽油机的安全技术条件

（1）发动机动力性能良好，运转平稳，不得有异响；怠速稳定，机油压力正常。发动机功率不得低于原额定功率的75%。

（2）发动机应有良好的启动性能。

（3）发动机不得有“回火”“放炮”现象。

（4）发动机点火系、燃料供给系、润滑系、冷却系的机件应齐全，性能良好。

第三节　柴油发动机

柴油发动机的燃料是柴油。柴油不易蒸发，且其自燃温度比汽油低。柴油发动机靠压缩自燃，因此，柴油发动机无点火系，同时也决定了柴油发动机的燃料供给系的组成、构造及其工作原理与汽油发动机有较大的区别。

一、四行程柴油发动机的工作原理

四行程柴油发动机的工作循环（见图 3—6）是：

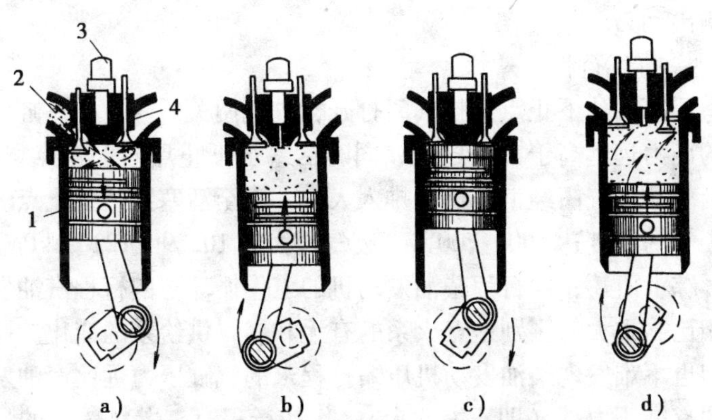

图 3—6 四行程柴油发动机工作原理示意图

a）进气行程 b）压缩行程 c）作功行程 d）排气行程

1—活塞 2—进气道 3—喷油器 4—排气道

1. 进气行程

活塞自上止点向下止点移动；进气门打开，排气门关闭；空气经空气滤清器过滤为清洁空气，由进气门进入汽缸。活塞到达下止点，进气门关闭，进气行程结束。清洁空气与上一循环后的废气混合后，温度达 50 ~ 70℃，汽缸压力达78 ~ 93 kPa。

2. 压缩行程

活塞自下止点向上止点移动；进、排气门关闭；汽缸内的气体被压缩，其压力和温度提高。压缩行程终了时，温度达 500 ~ 700℃，汽缸压力达 2 940 ~ 4 900 kPa。

3. 作功行程

活塞到达上止点，进、排气门仍关闭。此刻柴油在喷油泵的作用下，通过喷油器以雾状喷入汽缸，立即与汽缸内的压缩空气混合，形成可燃混合气体。由于压缩终了时，汽缸内空气的压力和温度很高，远远超过了柴油的自燃温度，故柴油喷入汽缸后，迅速自行着火。燃烧气体的最高温度达 1 500 ~1 900℃，最高压力达 4 900 ~9 800 kPa。燃烧气体膨胀，推动活塞下行作功，对外输出动力。

4. 排气行程

活塞到达下止点，排气门打开，进气门关闭。由于汽缸内废气的压力远远高于大气压力，同时活塞自下止点向上止点移动，使废气从排气门经消声器等排入大气，直至活塞到达上止点。此时废气的温度达 500 ~700℃，废气压力达 102. 9 ~122. 5 kPa。

综上所述，四行程柴油发动机的工作循环与四行程汽油发动机相比，重大的区别是点火系的有无和燃料供给系的变化。同时我们也不难发现柴油发动机压缩行程末的汽缸压力远比汽油发动机的汽缸压力高（即压缩比大）；作功行程时，燃料燃烧的最高压力，仍然是柴油发动机高；排气行程终了时，汽缸内废气的温度却比汽油发动机高。通过这些对比，可以看出柴油发动机比汽油发动机充气系数大、压缩比大。柴油发动机燃烧的最高压力大，燃烧气体膨胀充分，排气终了温度低，说明柴油发动机的热效率高。一般情况下，柴油发动机的耗油率比汽油发动机低30%左右，因此，大吨位的载重汽车、叉车、装载机等广泛应用柴油发动机。

二、柴油发动机的燃料供给系

1. 供给系的组成

柴油发动机的供给系由燃油供给、空气供给、混合气形成及废气排出 4 套装置组成。

燃油供给装置主要由油箱、柴油滤清器、输油泵等组成。

空气供给装置主要由空气滤清器、进气歧管组成。

混合气形成装置主要由喷油泵、燃烧室、喷油器及高压油管等组成。

废气排出装置主要由排气歧管、消声器等组成。

2. 供给系的工作原理

柴油发动机工作时，在压缩行程中，将进气行程中吸入的清洁空气压缩，使压力和温度升高。同时输油泵将柴油自油箱经柴油滤清器输入到喷油泵。当接近压缩行程终了时，喷油泵以极高的压力将柴油经高压油管送至喷油器并以雾状喷入燃烧室。雾状柴油在燃烧室内与高温空气迅速混合成可燃混合气，并自行发火燃烧，推动活塞下行作功。燃烧后的废气在排气行程中经排气歧管、消声器等排入大气。

三、柴油发动机的安全技术条件

柴油发动机的安全技术条件除应符合汽油发动机的安全技术条件中的（1）、（2）、（4）项外，柴油发动机停机装置还必须灵活有效。

第四节 传 动 系

汽车传动系的功用是将发动机发出的动力传送给驱动车轮。汽车传动系的组成或布置形式因汽车的发动机、总体结构等不同而有变异。汽车传动系一般主要由离合器、变速器、万向传动装置、主减速器、差速器及半轴等组成。

一、离合器

汽车用离合器普遍采用摩擦片式离合器。离合器通过“离”和“合”来完成自身的工作任务。当汽车起步时，离合器由分离状态逐渐转化为接合状态，使传递的扭矩逐渐增加，保证汽车起步平稳；离合器分离时，中断动力的传递，可使换挡轻便平顺，减小齿轮撞击声；当离合器接合时，传递的扭矩超过传动系所能承受的最大扭矩时，离合器打滑，以防止传动系过载。

摩擦片式离合器分为单片式离合器、双片式离合器、中央弹簧离合器和膜片弹簧离合器等几种。摩擦片式离合器一般由主动部分、从动部分、压紧机构及操纵机构 4 部分组成。

离合器主动部分由发动机曲轴连杆机构中的飞轮等组成。

离合器从动部分由从动盘、变速器输入轴等组成。

离合器压紧机构由压盘、分离杠杆、离合器盖、压盘弹簧等组成。

离合器操纵机构由离合器踏板、分离拉杆、分离叉、分离轴承等组成。

汽车用离合器主要有单片式离合器和双片式离合器两种。东风EQ1091型车采用的是单片式摩擦离合器，如图 3—7 所示。

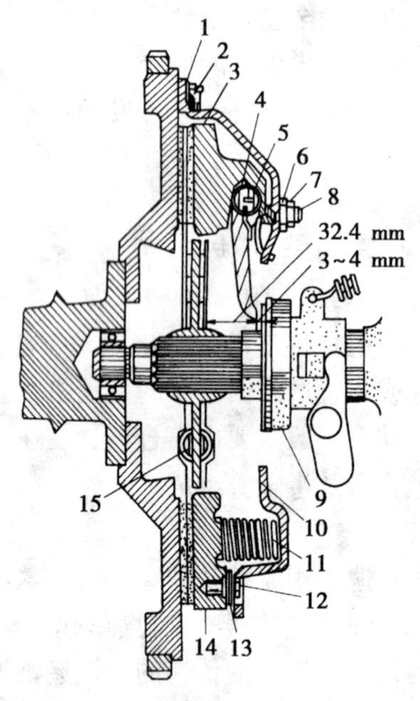

图 3—7　单片式离合器

1—平衡块　2—紧固螺栓　3—从动盘　4—分离杠杆　5—摆动块
6—调整螺母　7—锁紧螺母　8—调整螺钉　9—分离轴承　10—离合器盖
11—离合器弹簧　12—螺栓　13—传动片　14—压盘　15—减震弹簧

二、变速器

汽车变速器通过换用不同挡位可在发动机输出功率不变的情况下获得不同的速度和牵引力；通过变换倒挡和前进挡改变车辆

的行驶方向（后退或前进）；在空挡位置时，可在发动机不熄火、离合器接合状态下切断动力传递；还可通过取力器将动力传给其他机构（如液压泵等）。

变速器结构大多采用以壳体为装配基体的4根平行轴，即输入轴、输出轴、中间轴和倒挡轴。在各轴上固装、滑装和套装上一系列大小不同的齿轮和接合机构组成轮系，构成变速传动机构。变速器操纵机构通常位于变速器盖内，由变速杆、拨叉和拨叉轴等组成，同时装有自锁、互锁和倒挡锁装置。

三、万向传动装置

汽车用的万向传动装置是连接和传递两根轴线不相重合，且其相对位置经常变化的轴之间动力的装置。

汽车传动采用万向传动装置主要由普通十字轴万向节和传动轴组成。功用是将变速器输出轴输出的动力传递给主减速器。

普通十字轴万向节具有结构简单、工作可靠、传动效率较高的优点，但由于其传递动力时，两轴不能等角速运动，因此在汽车上都采用双万向节传动。在安装时必须注意：

（1）同一传动轴的万向节叉应装在同一平面内。

（2）第一个万向节两轴间的夹角与第二个万向节两轴间的夹角相等。

（3）伸缩节上的两个防尘箍方向应相错180°。

四、主减速器

主减速器是传动系中的一个重要机件，它担负着降低转速、增大输出扭矩和改变传动旋转方向的作用。

主减速器一般分为单级齿轮式和双级齿轮式两种。有部分叉车及牵引车主减速器采用蜗杆蜗轮传动副，来取得较大的传动比。

五、差速器

当车辆转弯时或在凹凸不平路面上行驶时，如果两个驱动轮固定装在同一根轴上，就会发生转向困难，车速不稳，摇摆等现象。因此，差速器将两个驱动轮装在同一轴线上，当左右轮转速要求不一致时，分别以不同转速驱动车轮，从而保证车轮处于纯滚动状态。

六、半轴

半轴的功用是将差速器的扭矩传递给驱动车轮。

七、传动系的安全技术条件

1. 离合器

（1）机动车的离合器应接合平稳，分离彻底，工作时不允许有异响、抖动和不正常打滑现象。

（2）踏板自由行程应符合该车整车技术条件的有关规定。

（3）离合器彻底分离时，踏板力不得超过 300 N（运输用拖拉机不得大于350 N），手握力应不大于 200 N。

2. 变速器

（1）换挡时，齿轮啮合灵便，互锁、自锁装置应有效，不允许有乱挡、自行跳挡现象。运行中应无异响。换挡时，变速杆及其传动杆件不得与其他部件相干涉。

（2）在变速杆上或其附近易见部位，必须有能使驾驶员在驾驶座位上容易识别变速器挡位位置的标志。

（3）电动车是通过改变电动机旋转方向来实现倒车行驶的，且前进和倒车两个行驶方向的转换仅通过驾驶员的一个操作动作来完成，所以应通过设计来保证只有在车辆静止或低速时才能够实现转换。

3. 传动轴

传动轴在运转时不发生振抖和异响，中间轴承、万向节不允许有裂纹和松旷现象。

4. 主减速器

主减速器、差速器工作应正常，并无异响。驱动桥壳、桥管不允许有变形和裂纹。

第五节 行 驶 系

行驶系的功用是支承车辆，缓和并吸收由路面不平所引起的冲击和震动，保持车辆行驶的可靠性和稳定性。行驶系主要由车架、车桥、悬挂装置和车轮等组成。

一、车架

车架是整个车辆的安装基础，其功用是承受全车的载荷和保证各种装置的相对位置。因此，要求车架应有足够的强度和刚度。

汽车的车架大多采用整体式车架。它由两根纵梁和若干横梁组成箱形结构。

二、车桥

车桥有驱动桥、转向桥、转向驱动桥和支持桥等之分。汽车普遍应用的是驱动桥和转向桥。

1. 驱动桥

驱动桥的功用是支持车架，承受车辆的主要负载，行驶时承受由车轮传动的反作用力等。

2. 转向桥

转向桥的功用是支持车架，承受车辆部分负载并实现车辆的转向。主要由转向桥（一般是前横梁）、转向节及转向节主销等组成。

3. 前轮定位

为了使汽车保持稳定的直线行驶和转向轻便及减少汽车在行驶中轮胎和转向机件的磨损。装在转向桥上的转向车轮、转向节及主销和转向桥之间的安装，具有一定的相对位置，这种具有一定相对位置的安装，叫做转向轮定位。由于转向轮一般安装在前桥上，所以常称为前轮定位。

前轮定位包括主销后倾、主销内倾、前轮外倾和前轮前束。

（1）主销后倾。汽车的纵向平面内，转向节主销上端向后有一个倾斜角度叫做主销后倾，如图3—8a所示。其作用是增加汽车直线行驶时的稳定性和转向轮自动回正的能力。主销后倾角一般在3°以内。

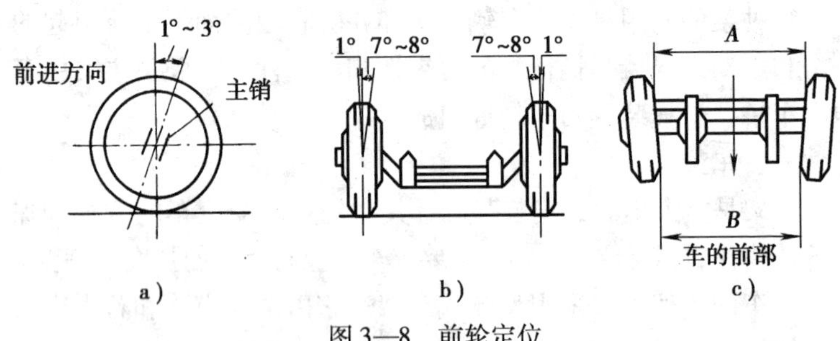

图3—8　前轮定位

（2）主销内倾。在汽车横向平面内，转向节主销上端向内有一个倾斜角度叫做主销内倾，如图3—8b所示。其作用是使汽车直线行驶稳定，转向轻便。一般内倾角不大于8°。

（3）前轮外倾。前轮在汽车上的安装，不是恰好垂直于地面，而是上方略微向外倾斜，如图3—8b所示。前轮外倾的作用是使转向轻便，前轮所承受的重量集中到转向节较大的轴承上去，从而保护较小的外轴承和转向节。同时，也可防止超载时因车桥变形而使车轮内倾，导致轮胎磨损加剧的危害。前轮外倾角在1°左右。

（4）前轮前束。如图3—8c所示。汽车两前轮的后端距离*A*大于两前轮前端距离*B*。而*A*—*B*的差值即称为前轮前束值。其作用是克服由于前轮外倾所造成的前轮向外张开的趋势，以减小行驶阻力及轮胎磨损。前轮前束是由可调节长度的横拉杆保证的。各种车型的前束值不同，测量位置也不同，应严格按厂家规定调整。

三、悬挂装置

悬挂装置是车架与车桥之间弹性连接的传力部件。其主要功用是减小汽车在不平路面上行驶时车身所受到的冲击及车身震动，以保证汽车正常行驶。它对汽车的行驶平顺性和操纵稳定性影响很大。悬架主要由弹性元件、减震器和导向机构组成，分别起缓冲、减震和导向的作用。

四、车轮

车轮与路面接触，支持汽车的重量，传递汽车与路面间的各种力和力矩，吸收震动，实现汽车的运动，并确定汽车的行驶方向。车轮由轮毂、轮辋和轮胎 3 部分组成。

在挖掘机、推土机等工程机械中，履带行走装置也很多。履带行走装置的主要优点是：具有较大的牵引力和较小的接地比压（一般为 38 ~ 147 kPa），稳定性好并具有良好的越野性能和爬坡能力（坡度一般为 50%，高的甚至可达 100%）。一般行走速度在6 km/h的范围内。

履带行走装置是整台工程机械的支承座，用来支承整个机械的所有机构，承受工作装置在工作过程中所产生的力，并使整个工程机械做工作性和运输性移动。

履带行走装置主要由履带行走架、履带后端的驱动轮、履带前端的导向轮、中间的支承轮、上部的托链轮及由履带板和轨链节构成的无端链履带组成。

五、行驶系的安全技术条件

（1）车架不允许有变形、锈蚀和裂纹。螺栓、铆钉不得缺少或松动。

（2）前、后桥不允许有变形、裂纹。

（3）车辆的钢板弹簧不允许有裂纹、断片现象，其中心螺栓和 U 形螺栓须紧固。

（4）减震器组件应齐全有效，减震器不允许有明显渗漏油现象。

（5）轮胎

1）机动车转向轮不得装用翻新的轮胎。

2）同一轴上的轮胎应为相同的型号和花纹。

3）转向车轮轮胎胎冠上花纹深度在磨损后不得小于 3.2 mm，其余轮胎胎冠花纹深度不得小于 1.6 mm。

4）轮胎胎面因局部磨损不得暴露出轮胎帘布层；轮胎的胎面和胎壁上不得有长度超过 25 mm 或深度足以暴露出轮胎帘布层的破裂和割伤。

5）车轮横向和径向摆动量不大于 8 mm。

6）双式车轮轮胎的安装应便于轮胎充气，且轮胎之间应无夹杂的异物。

7）履带行走装置中履带张紧度合适，左右一致。履带内不得有异物夹入。

第六节　操　纵　系

操纵系的功用是按照驾驶员的意志控制车辆行驶的方向和速度。操纵系由转向系和制动系两个系统组成。操纵系是影响到车辆行驶安全的重要系统，操纵系工作的好坏，直接影响到安全，因此必须引起驾驶员的足够重视。

一、转向系

转向系的功用是控制车辆的行驶方向和保持车辆稳定的直线行驶。

转向系一般由转向器和转向传动机构两部分组成。

1. 转向器

转向器的结构形式依据车型的变化而不同，可分为螺杆螺母式、齿轮齿条式、球面蜗杆滚轮式、曲柄指销式、蜗杆齿扇式和循环球式等多种，其工作原理却基本相同。当转向盘转动时，转向臂轴经过减速围绕轴线摆动。

2. 转向传动机构

汽车的转向传动机构基本采用的是由左、右转向节臂，转向横拉杆和前轴形成的转向梯形结构。这是由于车辆转弯时，内侧转向轮的转弯半径要比外侧转向轮的转弯半径小，因此汽车转向时，要通过转向梯形结构控制内侧转向轮偏转角度比外侧转向轮偏转角度小，得以保证转向过程中各车轮处于纯滚动，顺利转向。

3. 动力转向

动力转向是利用汽车发动机的动力帮助转向，以使转向更加轻便。动力转向主要应用在重型载重汽车及转向桥负荷大的车辆上。动力转向普遍采用的是液压式动力转向。驾驶员通过操纵转向器，控制转向助力器的随动阀，使转向助力器产生液压力推动直拉杆，使转向轮按照驾驶员的意志方向偏转。

挖掘机、推土机等履带行走的工程机械，采用机械传动的履带行走装置转弯时采取脱开一边履带离合器（一般还加以制动）的办法，使一边履带朝着脱开离合器的一边转弯；采用液压传动的，通过对油路的控制，控制分别装在两条履带上的两个油马达实现转弯。油泵仅供油给一个行走油马达，则绕一条履带转弯，两个油马达旋转方向相反即能就地转弯。

二、制动系

制动系的功用是按照需要使汽车减速或在最短的距离内停车；使汽车可靠地停放在坡道上，不自动滑溜；保证汽车能在安全的条件下发挥高速行驶的性能。

制动系由产生制动作用的制动器和操纵制动器的传动机构组成。由于制动作用的不同，决定了制动系由各自独立的行车制动（脚制动）和驻车制动（手制动）组成。

操纵制动器的传动机构有机械式、液压式、气压式、气—液综合式（真空加力式、压缩空气加力式）等。其中，机械式仅在驻车制动上使用。

制动器通常是利用摩擦来产生制动作用的。制动器的结构主要分为鼓式和盘式两种。目前常采用的是鼓式。

1. 行车制动

（1）液压式制动。液压式制动系主要由制动踏板、制动总泵、制动分泵、制动蹄片、制动鼓及回位弹簧等组成。

工作原理是制动鼓固定在轮毂上和车轮一起转动。制动系不工作时制动鼓的内圆与制动摩擦片的外圆面之间保持一定间隙，使制动鼓可以随车轮一起自由旋转。

当踩下制动踏板时，通过推杆和总泵活塞，使总泵内的油在一定的压力下流入分泵，并通过两个分泵的活塞推动两制动蹄绕支承销转动，使摩擦片压紧在制动鼓的内圆面上，通过摩擦作用使制动鼓减速而达到制动的目的。

当放松踏板后，在回位弹簧的作用下，分泵内的制动液经管道流回总泵，油路中油压降低，制动蹄也由回位弹簧拉回原位，从而解除制动。

（2）气压式制动。气压制动系主要由空气压缩机、气压表、储气筒、制动阀、制动气室、制动臂、凸轮、制动蹄片、制动鼓及回位弹簧等组成。

工作原理是当踩下制动踏板时，制动阀打开了储气筒到制动室之间的通道，使储气筒内的压缩空气经制动阀进入制动气室，向外推动制动气室推杆，通过制动臂转动凸轮，凸轮驱使制动蹄片张开，压紧制动鼓，从而使车轮制动。放松制动踏板时，制动气室内的压缩空气流回制动阀，经制动阀的排气阀排入大气，制动阀被回位弹簧拉回原位，从而解除制动。

2. 驻车制动

驻车制动多作用于变速器输出轴或传动轴上，也有的利用车轮制动器作用于驱动车轮上。结构形式有盘式和鼓式等。

三、操纵部分的安全技术条件

1. 转向系

（1）转向盘不得设置于右侧，汽车、四轮农用运输车的转向盘必须设置于左侧；特殊作业的机动车按需要可设置左、右两个转向盘。

(2) 转向盘应转动灵活、操纵方便、无阻滞现象，车轮转到极限位置时，不得与其他部件有干涉现象。

(3) 机动车转向轮转向后应有自动回正能力，以保持机动车稳定的直线行驶。

(4) 企业内机动车转向盘最大自由转动量从中间位置向左右各不得超过15°；三轮农用运输车不得超过22.5°。

(5) 机动车在平坦、硬实、干燥和清洁的道路上行驶，其转向盘不得有振摆、路感不灵、跑偏或其他异常现象。

(6) 机动车在平坦、硬实、干燥和清洁的水泥或沥青路面上，以10 km/h的速度从直线行驶过渡到直径为24 m的圆周行驶，其施加于转向盘外缘的最大圆周力不得大于245 N。

(7) 机动车转向桥负荷大于4 t时，必须采用转向助力装置。装有转向助力器的车辆，当转向助力器失效后，仍具有用转向盘控制车辆转向的能力。

(8) 机动车辆的最小转弯直径，以前外轮轨迹中心为基线测量其值不得大于24 m。当转弯直径为24 m时，前转向轴和末轴的内轮差（以两内轮轨迹中心线计）不大于3.5 m。

(9) 机动车前轮定位值应符合该车整车有关技术条件的规定。

(10) 汽车和四轮农用运输车应具有适度的不足转向特性，以使车辆具有正常的操纵稳定性。

(11) 转向节及臂、转向横、直拉杆及球销不允许有裂纹和损伤，并且球销不得松旷。横、直拉杆不得拼焊。

2. 制动系

(1) 机动车及挂车必须设置彼此独立的行车和驻车制动装置。

(2) 行车制动系的制动踏板的自由行程应符合该车整车有关技术条件的规定。

(3) 行车制动系在产生最大制动效能时的踏板力不得超过

700 N；手握力不超过 300 N。

（4）行车制动系最大制动效能应在踏板全行程的 4/5 以内达到。

（5）驻车制动操纵装置的安装位置要适当，其操纵杆必须有一定的储备行程，一般应在操纵杆全行程的 3/4 以内产生最大的制动效能，棘轮式制动器应在第三次拉动拉杆全行程的 2/3 以内产生最大制动效能。

（6）驻车必须通过机械装置把工作部件锁住，并且施加于操纵杆上的力应不大于 500 N。

（7）对采用气压制动的机动车辆，当气压升至 600 kPa 且不使用制动的情况下，停止空气压缩机工作 3 min 后，其气压的降低应不超过 10 kPa。在气压为 600 kPa 的情况下，将制动踏板踏到底，待气压稳定后观察 3 min，单车气压降低值不得超过 20 kPa，列车不得超过 30 kPa。

（8）采用液压制动系统的车辆，在保持踏板力为 700 N 达到 1 min 时，踏板不得有缓慢向底板移动现象。

（9）气压制动系必须装有限压装置，确保储气筒内气压不超过允许的最高气压。储气筒应装有排污阀。采用气压制动的机动车辆，必须装设低压音响警报装置。

（10）采用气压制动系统的车辆，发动机在中等转速下，4 min（列车为 6 min）内气压表的指示气压从零升至起步气压（未标起步气压者，按 400 kPa 计）。储气筒的容量应保证在不继续充气的情况下，车辆在连续 5 次全制动后，气压不低于起步气压（未标起步气压者，按 400 kPa 计）。

（11）在车辆运行过程中，不应有自行制动现象。当挂车与牵引车意外脱离后，挂车应能自行制动，牵引车的制动仍然有效。

（12）行车制动系部分管路失效时，其余部分制动效能仍能保持原规定值的 30% 以上。

（13）机动车在平坦、硬实、干燥和清洁的水泥或沥青路面（路面的附着系数为 0.7）上的制动距离和制动稳定性应符合表 3—2 的规定。

机动车在规定的初速度下的制动距离和制动稳定性应符合表 3—2 的要求。对空载制动距离检验有质疑时，可用表 3—2 所示的满载制动距离检验要求进行。

表 3—2　　制动距离和制动稳定性要求

车辆类型	制动初速度（km/h）	满载制动距离检验要求（m）	空载制动距离检验要求（m）	制动稳定性要求车辆任何部位不得超出的试车道宽度（m）
总重量≤4.5 t 的汽车	50	≤22	≤21	2.5
其他汽车、汽车列车	30	≤10	≤9	3.0
四轮农用运输车	30	≤9	≤8	2.5
三轮农用运输车	20	≤5	≤4.5	2.3
轮式拖拉机组	20	≤6.5	≤6.0	3.0
手扶变型运输机	20	≤6.5	≤6.5	2.3

制动距离是指机动车在规定的初速度下急踩制动时，从脚接触制动踏板（或手触动制动手柄）时起至车辆停止时车辆驶过的距离。

（14）行车制动性能检验可用充分发出的平均减速度检验。也可在制动试验台上检测行车制动性能。

（15）机动车辆驻车制动性能要求：在空载状态下，驻车制动装置应能保证车辆在坡度为 20%（总重量为整备重量的 1.2 倍以下的车辆为 15%）、轮胎与路面间的附着系数不小于 0.7 的坡道上正、反两个方向保持固定不动，其时间不少于 5 min。

第七节　电 气 设 备

电气设备是汽车的一个重要组成部分，由供电设备和用电设备两部分组成。

一、供电设备

供电设备是车辆用电设备的电源，主要由蓄电池、发电机及其调节器等组成。

1. 蓄电池

汽车上普遍使用的是铅蓄电池，它是一种可逆的化学电源，可以反复地充电和放电。

蓄电池的作用是：在启动发动机时，向启动机和点火系供电；在发动机怠速运转时，向用电设备供电；在发电机的端电压高于蓄电池电动势时，能够通过电化学反应将部分电能转变为化学能储存在蓄电池内——充电，在发电机超载的情况下，将储存在蓄电池内的化学能转变为电能，协助发电机供电。

2. 发电机及其调节器

汽车用发电机是一种将机械能转换为电能的电气设备。汽车用发电机有直流发电机和交流发电机两种。目前硅整流交流发电机应用越来越广，换向器式直流发电机趋于淘汰。

发电机调节器由于发电机的不同构造也不同。直流发电机的调节器包括节压器、节流器和断流器 3 个部分，安装在发电机输出端，其作用是使发电机发出的电压稳定在一定范围内；限制最大输出电流；防止蓄电池电流倒流而烧毁发电机。由于硅整流交流发电机是利用硅二极管的单向导电性进行整流，在发电机与蓄电池并联运行时，发电机只能向蓄电池补充充电，而蓄电池不能向发电机逆向放电（由于硅二极管的作用）；硅整流发电机又具有自我限流作用，所以，硅整流发电机只有电压调节器。

二、用电设备

汽车的用电设备有启动机，照明、信号、仪表及汽油机的点火系等。

1. 启动机

启动机是将电能转换为机械能的汽车电气设备。功用是启动汽车发动机运转，完成启动后立即停止工作。

为了取得大的启动转矩、高转速，启动机采用的是直流串激式电动机。

2. 照明、信号、仪表及汽油机的点火系

（1）照明。照明为了保证汽车在夜间行驶的安全和检修等。每辆汽车应装有两个或 4 个白色灯光的前照灯，照明距离不得小于 100 m，驾驶员能在 100 m 内辨明路面上任何障碍物；前照灯应装有远、近光变换装置，近光光束还应防炫目。汽车还应装有前雾灯、牌照灯、前后示廓灯及倒车灯等。

（2）信号。信号是用于指示车辆的状况和危险警告，汽车应装有前、后及侧向转向信号灯、制动信号灯等。机动车还应设置喇叭，其性能应可靠，声音悦耳。

（3）仪表。仪表是保障车辆运行安全的重要装置之一。主要有电流表、机油压力表、水温表、燃油表等。

（4）汽油机的点火系。

三、电气设备的安全技术条件

（1）车辆的灯具应安装牢靠，灯泡要有保护装置，不得因车辆震动而松脱、损坏，失去作用或改变光照方向；所有灯光开关安装牢固，开关自如，不得因车辆震动而自行开关；开关位置应适当，便于驾驶员操作。国际标准化组织（ISO）制定出 27 个象形符号，作为世界上统一使用的汽车仪表板符号。这些符号已被各国汽车制造部门逐渐采用推广（见图 3—9）。

（2）汽车及挂车的外部照明和信号装置的数量、位置、光色、最小几何可见角度符号见 GB 4785—1984《汽车及挂车外部

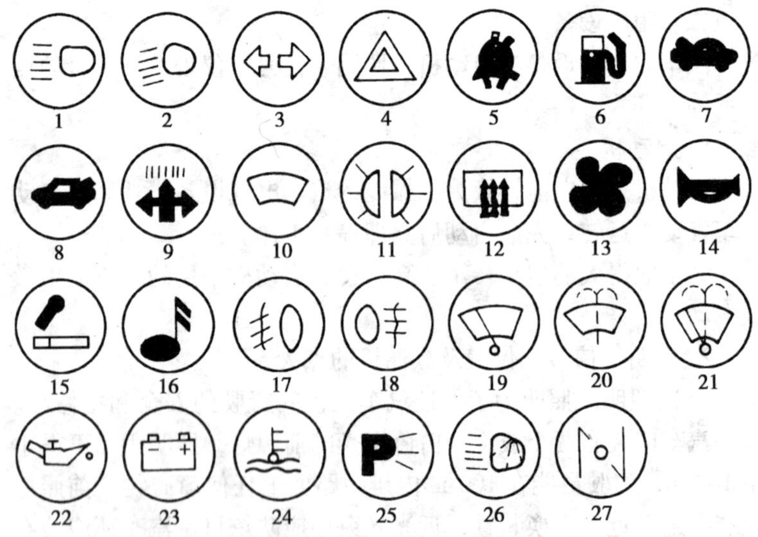

图 3—9　仪表板上的象形符号

1—高速光指示器　2—车头灯开关　3—转向信号　4—危险警告闪光信号　5—座椅安全带　6—燃料存量指示　7—发动机盖　8—行李箱盖　9—收音机选择台　10—挡风玻璃预热器　11—警示灯　12—尾窗预热器　13—风扇　14—喇叭　15—香烟点火器　16—收音机音量控制　17—车头雾灯　18—车尾雾灯　19—挡风玻璃雨刮器　20—挡风玻璃喷水清洗器　21—挡风玻璃刮水清洗器　22—机油压力指示　23—蓄电池充电情况指示　24—发动机冷却剂温度指示　25—停车指示灯　26—车头灯清洁器　27—风门控制

照明和信号装置的数量、位置和光色》的规定。

（3）机动车在检验前照明的近光光束照射位置时，车辆空载，允许乘 1 名驾驶员。前照明在距屏幕 10 m 处，光束明暗截止线转角或中点的高度应为 $0.6H \sim 0.8H$（H 为前照灯基准中心高度，下同），其水平方向位置向左向右偏均不得大于 100 mm。四灯制前照灯其远光单光束灯在屏幕上的调整，要求光束中心离地面高度为 $0.85H \sim 0.90H$，水平位置要求左灯向左偏不得大于 100 mm，向右偏不得大于 170 mm。右灯向左或向右偏均不得大于170 mm。

（4）装有前照灯的机动车，应装有远、近光变换装置。并且当远光变近光时，所有远光应能同时熄灭。所有前照灯的近光都不得炫目。

（5）车辆的危险报警闪光灯和转向信号灯的闪光频率应为（1.5 ±0.5）Hz，启动时间不大于 1.5 s。仪表板应设置与行驶方向相应的转向指示信号。总长超过 9 m 的车辆（不包括全挂列车）两侧须装设侧向转向信号灯。

（6）对于安装一只或两只前照灯的机动车，每只灯的发光强度应为 15 000 cd 以上，对于安装 4 只前照灯的车辆，每只灯的发光强度应为 12 000 cd 以上。车辆的转向信号灯、制动灯的生理可见度，在阳光下距 30 m 可见，夜间好天气距 300 m 可见。

（7）机动车均应设置喇叭，其性能应可靠，声音悦耳。喇叭声级在距车前 2 m，离地面 1.2 m 处应为 90 ~ 105 dB（A）。

（8）发电机应技术性能良好。蓄电池应保持常态电压。所有电器导线均须捆扎成束，布置整齐，固定卡紧，接头牢固并有绝缘封套，在导线穿越孔洞时应装设绝缘套管。

（9）机动车应装有水温表、电流表（或以充电指示灯代替）、燃油表、车速里程表、气压表、机油压力表（或以油压指示灯代替）等各种仪表及开关，并应保持灵敏有效。照明和信号装置的任何一个线路如出现故障，不得干扰其他线路的工作。

（10）行驶途中，喇叭、灯光发生故障时，应停车修复后，方准继续行驶。

第八节　蓄电池车的特殊结构

蓄电池车的动力装置是直流串激电动机，是以蓄电池为动力源。蓄电池车是企业内机动车的一个重要组成部分，其具有能耗低、污染小、操作简单、维修方便等特点，因此使用较广泛。但又由于蓄电池车没有防爆设备，故不允许在易燃易爆的场所工作。

蓄电池车按其用途可分为两大类：

一类是蓄电池运输车，又因结构不同分为平板蓄电池车和有轨蓄电池车；另一类是蓄电池叉车。

一、蓄电池车的蓄电池

蓄电池车的蓄电池是牵引型蓄电池，其容量大，达200～500 A·h。在蓄电池车上装用的是蓄电池组，输出电压达24～48 V。

常用的是酸性蓄电池，电解液为浓度是27%～37%的硫酸（H_2SO_4）水溶液，正极板是活性物质二氧化铅（PbO_2），负极板是海绵状铅（Pb）。

蓄电池的充电分为初次充电和日常充电。

1. 初次充电

将已配好的293 K（20℃）的电解液注入蓄电池内，高出极板10～15 mm，此时蓄电池和电解液的温度会急剧上升，需静置6 h待温度下降到303 K（30℃）左右，方可充电。充电电压应高于蓄电池组串联电压的50%，电流应不小于5 h放电率容量的15%。充电时由于有大量的气体产生，因此，应把加液孔盖打开，便于排气，以防止蓄电池爆破。初次充电第一阶段为25～30 h，第二阶段以第一阶段充电电流的一半，再充30～40 h。

2. 日常充电

同样分为两个阶段，充电电流与初次充电基本一致，只是第一阶段时间为7～10 h，第二阶段为3～5 h。

日常充电应在每日工作后及时进行。

由于充电设备大多是将工频电网的电源经整流，加一些保护电路和调节电路，因此，在使用充电机时切记安全用电，防止触电事故的发生。

二、直流电动机

蓄电池车用电动机多为直流串激全封闭自冷悬挂式、卧式两种。通常平台搬运车装置一台行驶电动机。叉车除装有一台行驶电动机供车辆行驶外，还装一台油泵电动机，以驱动液压油泵使工作属具升降和门架倾斜进行货物装卸。有的叉车还装有供转向增力的液压转向助力器油泵驱动电动机。这些电动机工作性能虽有所不同，但总体结构与工作原理都是一样的。

1. 直流电动机的构造

蓄电池车用直流电动机在构造上与其他直流电动机类同，蓄电池车的直流电动机的功率一般为 2.5 ~ 3 kW，转速一般是 1 250 r/min，电压为 24 ~ 40 V。而一般电动机工作电压为 220 V，所以，蓄电池车用直流电动机的电枢和激磁绕组的导线比同功率的其他电动机粗，其构造如图 3—10 所示。电动机的端盖与后桥双级减速器等连接在一起。

直流电动机主要由电动机壳、电动机轴、电枢（转子）、换向器、电刷、激磁绕组、激磁铁心及轴承等组成。

由电枢绕组与铁心组成的电枢 3 与整流子固装在电动机轴 1 上，电动机轴由轴承 8 支承在电动机壳 2 中，电刷 6 与整流子 7 保持弹性接触。由激磁铁心 4 与激磁绕组 5 组成磁极，四个磁极两两相对均布在电动机壳的内壁上，将电枢围在其中。

2. 直流电动机的接线方式

为了产生能使电枢旋转的磁场，两相邻磁极应为异性。如图 3—11 所示，将缠在激磁铁心上的 4 个激磁绕组连成一体即形成

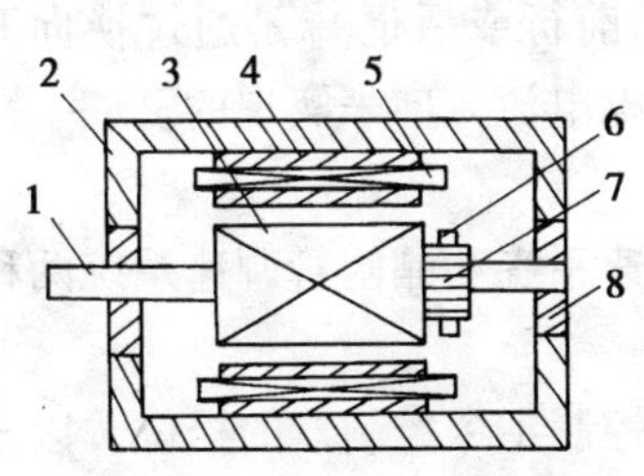

图 3—10　电动机结构简图

1—电动机轴　2—电动机壳　3—电枢
4—激磁铁心　5—激磁绕组　6—电刷
7—整流子　8—轴承

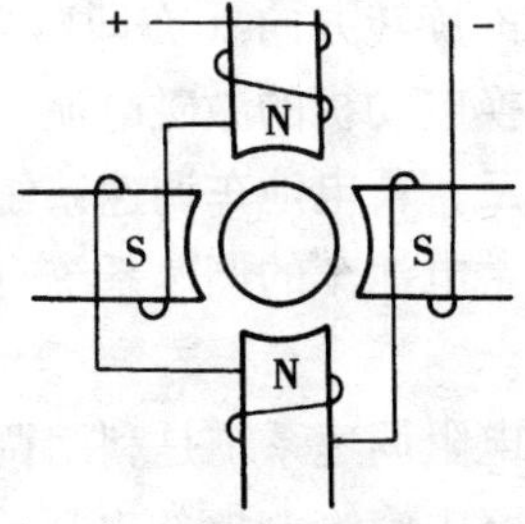

图 3—11　激磁绕组接线示意图

了两个相对的磁极为 S 极，另两个相对的磁极为 N 极。

根据激磁绕组与电枢绕组的接线方式不同，电动机可分为串激电动机、并激电动机和复激电动机。蓄电池车用直流电动机均采用串激接线方式，如图 3—12 所示。这种接线方式使电动机具有较软的机械特性，因而过载能力强，具有堵转（“闷车”）性能，即“挖掘机特性”。

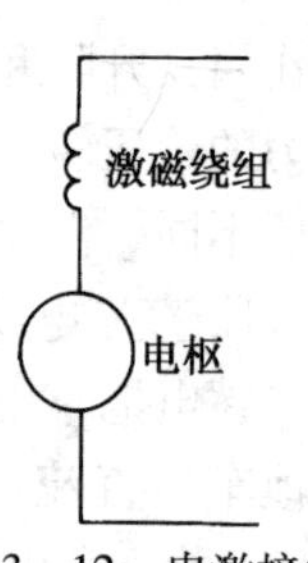

图 3—12　串激接线示意图

3. 直流电动机的工作原理

直流电动机接通电源后，电流从蓄电池的正极流入激磁绕组，再经电刷、换向器流入电枢绕组后流回蓄电池的负极。在电流的作用下，4 个磁极产生了 4 个强力磁场，在电磁感应的作用下，通电的电枢在磁场作用下旋转，并通过电动机的轴输出动力，以驱动车辆和油泵，为使蓄电池车获得较大的启动转矩并具有较大的过载能力，采用了串激接线方式。

当电动机的激磁电流方向和电枢电流方向确定后，电枢的旋转方向也就确定了。若改变激磁绕组电流的方向，或者改变电枢电流的方向，则电枢的旋转方向将随之改变。因此，控制行驶电动机的旋转方向（亦即蓄电池车的前行或后退）是通过换向开关变换电动机的激磁电流方向或电枢电流方向来实现的。

三、蓄电池车调速系统

蓄电池车的调速系统有电阻调速系统和晶闸管调速系统两种形式。

电阻调速系统是利用调速踏板控制主令控制器的挡位，以改变电路中施给电枢的电压（或电流）大小及方向，从而获得不同的车速，包括停车和倒车。目前电阻调速系统由于技术和节能方面诸原因，应用得越来越少。

晶闸管调速系统是利用晶闸管的工作特性控制电枢的通、断电时间比，从而获得不同的转速。由于晶闸管调速系统可实现电动机的无级调速，故得到广泛的应用。

晶闸管是一种四层三端的半导体器件，它既具有整流作用，又可有开关的作用。晶闸管可以用毫安甚至微安级的电流控制几百安乃至几千安的电流，也可以用几伏甚至几百伏的电压控制几百伏乃至几千伏的电压。

图 3—13 所示为晶闸管调速系统原理图，在电动机的电枢回路中，串入一个晶闸管 VT1，其间歇导通，可使电枢得到不同的电压，从而获得不同的转速。

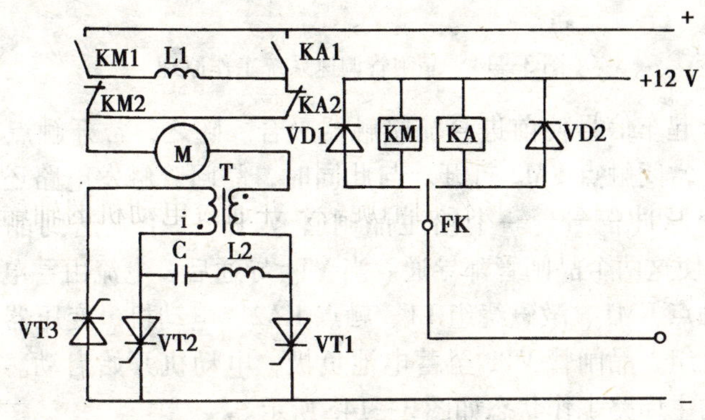

图 3—13　晶闸管调速系统原理图

1. 晶闸管的工作特性

晶闸管的电气符号如图 3—14c 所示，它是一种半导体元件。图示的 A、B、C 端分别为晶闸管的阳极、阴极和控制极。当阳极为高电位，阴极为低电位时，在控制极 C 与阴极 B 之间加上一个正向电脉冲，即控制极为高电位，阴极为低电位。这时，晶闸管将导通。电流从阳极流入，从阴极流出，直至出现阴极电位高于阳极电位时，晶闸管才由导通转入截止状态。此时，无论电脉冲的方向如何，它都不会导通。

2. 晶闸管调速系统的工作原理

（1）前行。将方向开关 FK 置于前进位置，踏下调速踏板，

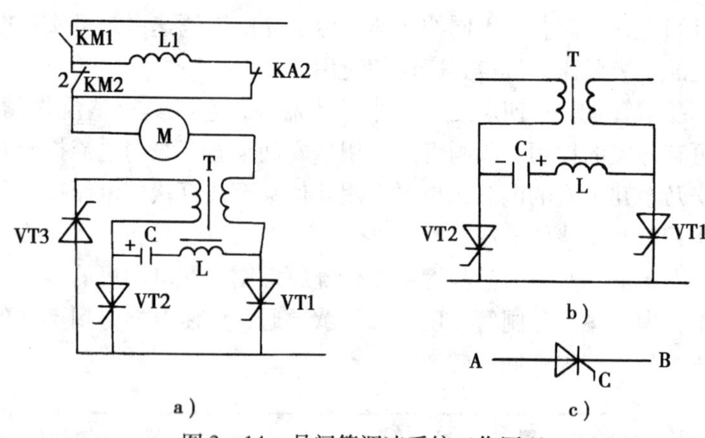

图 3—14 晶闸管调速系统工作原理

有一个起车信号使前进直流接触器吸合。随之，常开触点 KM1 闭合，常闭触点 KM2 打开。与此同时，晶闸管触发电路还会发出两个脉冲信号，一个给主晶闸管 VT1，一个发送到晶闸管 VT3，使这两个晶闸管都导通。当 VT1 导通后，电流由蓄电池正极经触点 KM1、激磁绕组 L1、触点 KA2、电动机、变压器 T 的一次绕组、晶闸管 VT1 至蓄电池负极，电动机开始启动。调速系统的主回路工作状态如图 3—14a 所示。

当变压器 T 的一次绕组流过电流时，其二次绕组就会产生感应电动势，方向如图 3—14a 所示。由于晶闸管 VT3 已导通，电流便由二次绕组的下端经电容器 C、电感 L、晶闸管 VT1 和 VT3 回到二次绕组的上端，形成回路。这时，电容器 C 开始充电，为副晶闸管 VT2 的导通提供了条件。如果此时副晶闸管 VT2 的控制极得到触发脉冲，它便导通，将电容两端的电压加在主晶闸管 VT1 上。由于这个作用在主晶闸管 VT1 上的电压是反向的，使得主晶闸管 VT1 转入截止状态，如图 3—14b 所示。主晶闸管 VT1 要重新转入导通状态，必须等下一个触发脉冲的到来。这样，在触发脉冲的控制下，晶闸管 VT1、VT2、VT3 不断地导通和截止，就可以对电动机的转速进行调节。

由于电动机的转速取决于电枢电压（或电流）的大小，也就是说，在晶闸管调速系统中，取决于主晶闸管 VT1 导通与截止的时间比。如果导通时间短，截止时间长，即时间比较小，则电动机将处于低速运转状态；如果导通时间长，截止时间短，即时间比较大，则电动机为高速运转状态。时间比的大小主要取决于触发电路发出脉冲的频率，所以，只要连续地改变触发脉冲的频率，就可以对电动机的转速进行连续的调节，从而实现由静止到高速运转的无级调速。

（2）停车。放开调速踏板，触发电路即停止向晶闸管 VT1 和 VT3 发送脉冲信号，使其转入截止状态，调速系统主回路被切断，电动机停止运转。

（3）倒车。倒车时，只要将方向开关 FK 置于倒车位置，使电动机的激磁绕组或电枢绕组的电流改变方向，电动机便反向运转，即可实现倒车。

另外，晶闸管调速系统还具有行车失控保护、零位保护、行车制动保护和电源电压显示等多种功能，提高了车辆使用中的安全性。

四、蓄电池车的安全技术条件

1. 驱动桥的安全技术要求

（1）为了保证车辆的正常行驶和货物运送的安全，驱动桥壳应无裂纹；壳体上的通气孔应保证通畅；壳体不应弯曲变形和漏油。

（2）主减速器工作应正常，无异响。

（3）应选用正确型号的齿轮油；油量适当，油面不得过低或过高。

（4）主减速器主动齿轮和从动齿轮的间隙要求调整得当。

（5）差速器应转动灵活、间隙合理。

（6）半轴不得变形、扭曲或断裂。半轴螺钉必须齐全，扭紧力矩符合要求。

2. 制动装置的安全技术要求

(1) 车辆的制动性是车辆的主要性能之一。蓄电池车具有起步快、操纵简单的特点，同时又存有失控的危险，所以，不能以蓄电池车辆的车速不高为由，而忽视了对制动装置的安全技术要求。

(2) 由于厂区内行驶，制动使用频繁，制动器极易因摩擦而使温度急剧升高，使制动器的摩擦力矩显著下降。因此，对摩擦片的要求也比较严格。当制动器发生故障时，必须立即停车修理。修复后方准继续行驶。

(3) 车辆在空载，时速为 30 km 时制动距离不大于 6.5 m。

3. 电气系统的安全技术要求

(1) 蓄电池车的动力来源是直流电动机，控制机构是控制屏和主令开关。因此，要保证控制屏清洁干燥，防止漏电或误动作。主令开关不得失灵，各接触器不得有粘连现象。电气线路各接线不得有互相摩擦、松动或短路现象。

(2) 对运输易燃易爆物品和出入易燃易爆场所的蓄电池车必须采用防爆电动机和防爆电器（主令开关、接触器等各种电器）。

第九节　叉车的特殊结构

叉车是一种搬运机械，是由自行的轮式底盘和一套能垂直升降、前后倾斜的装卸货物工作装置组成。在厂矿企业、港口、码头、货场和仓库得到广泛应用。

叉车根据动力装置的不同分为内燃叉车和蓄电池叉车。按照结构形式分又可分为平衡重式叉车、侧叉式叉车、跨车等，应用最广的是平衡重式叉车。

平衡重式叉车的底盘与汽车或蓄电池运输车大致相同，主要差异是叉车的驱动桥在前，转向桥在后，并配有平衡重块，同时叉车无车厢而独具工作装置。

叉车的工作装置由叉车起重机构和液压驱动系统两部分组成。

一、叉车的液压驱动系统

液压驱动系统是为叉车起重机构提供各工作油缸的高压油。液压驱动系统主要由液压油泵和分配阀等组成。

1. 液压油泵

液压油泵的功用是向分配阀输送高压油。叉车中多采用齿轮油泵。内燃叉车液压油泵由发动机经变速器连接的取力器驱动，蓄电池叉车液压油泵由油泵电动机驱动。

齿轮油泵主要由主动齿轮、从动齿轮及泵体等组成。

2. 液压油分配阀

液压油分配阀是由溢流阀和多路换向阀组成。其功用是将油泵输来的高压油分送到起重机构的各个工作油缸，驱动油缸工作；当油缸不工作时，将高压油经溢流阀流回油箱。

二、叉车起重机构

叉车的起重机构是用来承载装卸货物的，如图 3—15 所示。

叉车的起重机构主要由货叉、门架（外门架、内门架）、属具架及工作属具升降油缸、倾斜油缸、链条、链轮等组成。

1. 门架

为了在尽量加大货物举升高度的同时，提高叉车的通过性，门架一般都做成可伸缩的。叉车的起重门架有单级、二级、多级之分。应用最广的是二级。

二级门架由内门架和外门架组成。内门架可在外门架内上、下伸缩。门架的伸缩靠升降油缸来实现。

2. 属具架及工作属具

为了适应各种不同货物装卸的需要，扩大叉车的使用范围，叉车上配备了货叉、铲斗、吊杆等多种工作属具。工作属具按需装在属具架上，属具架安装在内门架上，随内门架升降。

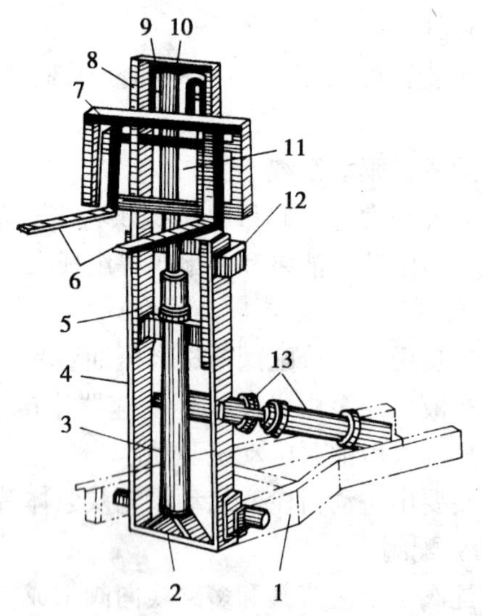

图 3—15 叉车起重机构

1—车架 2—下横梁 3—升降油缸 4—外门架 5—内门架 6—属具（货叉） 7—属具架 8—链条 9—链轮 10—内门架上横梁 11—升降缸柱塞 12—外门架上横梁 13—倾斜油缸

3. 升降油缸

升降油缸也称起升油缸，多采用伸缩式套筒液压缸，它安装在内、外门架之间。当分配阀起升手柄拨到起升位置时，高压油流入升降油缸，在高压油的压强作用下，液压缸内的柱塞带动内门架起升；当分配阀起升手柄回到中间位置时，切断了高压油的供应，升降油缸停留在当前位置；当起升手柄拨至降落位置时，升降油缸内的液压油在属具架的重力作用下，流回油箱，内门架下降，完成升降。

4. 倾斜油缸

为了能使起重门架可以向前、后倾斜来满足运送、装卸货物的需要，叉车在门架两侧安装两个倾斜油缸。倾斜油缸为双向作用油缸。油缸缸筒端铰接在车架上，活塞杆端与门架铰接。

5. 链条

链条是用来提升属具架的。叉车多采用两根链条，分别悬挂在链轮上，一端固定在外门架上，另一端固定在属具架上。当升降油缸柱塞起升时，在内门架相对外门架起升的同时，链条带动属具架相对内门架起升。当内门架升至极限时，属具架也达到叉车最大起升高度。升降缸柱塞下降时，则内门架相对外门架、属具架相对内门架同时下降。

三、叉车的稳定性

叉车的稳定性是指叉车进行装卸作业和在各种道路上行驶时抵抗倾覆的能力。可分为纵向稳定性和横向稳定性。

1. 纵向稳定性

纵向稳定性是指叉车抵抗围绕车轴纵向翻车的能力。由于叉车的发动机一般都安装在其后部，平衡重式叉车的尾部均装有平衡重块，在空载情况下，叉车具有良好的纵向稳定性；当装载货物后，由于载荷重心位于车辆的支承轮廓以外，故发生纵向倾覆的可能性较大。

影响纵向稳定性的因素主要是货物的装载位置和货物的重量（超载时极易发生倾覆）。当纵向稳定性差时，由于转向车轮的附着力下降还会极易造成转向失控。

2. 横向稳定性

横向稳定性是指叉车抵抗侧翻和侧滑的能力。

影响车辆横向稳定性的主要因素有：行驶路面倾斜度（横坡）过大；转弯时，行驶速度快且转向过急；货物举升过高及货物装载位置不当；路面对各车轮的附着系数不一样；车辆轮距及轮胎特性等。因此，驾驶叉车时应注意在横向坡路运行时，要降低货物的举升高度，降低重心位置；控制好车速和避免车辆急转弯等。

四、叉车的安全技术条件

由于叉车的特殊构造，决定了叉车除应符合汽车、蓄电池车的安全技术条件外，还应符合以下要求。

1. 叉车起重机构

（1）门架不得有变形和焊缝脱焊现象，内外门架的滚动间隙应调整合理，不得大于15 mm，滚动转动应灵活，滚轮及轴应无裂纹、缺损。轮槽磨损量不得大于原尺寸的10%。

（2）两根起重链条张紧度应均匀，不得扭曲变形，端部连接牢靠，链条的节距不得超出原长度的4%，否则应更换链条。链轮转动应灵活。

（3）货叉架不得有严重变形；货叉表面不得有裂纹；各部焊缝不得有脱焊现象。货叉根角不得大于93°，厚度不得小于原尺寸的90%；左右货叉尖的高度差不得超过货叉水平段长度的3%；货叉定位应可靠，货叉挂钩的支承面、定位面不得有明显缺陷；货叉与货叉架的配合间隙不应过大，且移动平顺。

（4）升降油缸与门架连接部位应牢靠，倾斜油缸与门架、车架的铰接应牢靠、灵活，配合间隙不得过大。油缸应密封良好、无裂纹，工作平稳。在额定载荷下，10 min门架自沉量不大于20 mm，倾角不大于0.5°。满载时起升速度不应低于标准值的一半。

2. 叉车液压控制系统

（1）液压系统管路接头牢靠、无渗漏，与其他机件不磨损，橡胶软管不得有老化、变质现象。

（2）液压控制系统中的传动部件在额定载荷、额定速度范围内不应出现爬行、停滞和明显的冲动现象。

（3）多路换向阀壳体无裂痕、渗漏。工作性能良好可靠；安全阀动作灵敏，在超载25%时应能全开，调整螺栓的螺母应齐全紧固。操作手柄定位准确、可靠，不得因震动而变位。

（4）载荷曲线、液压控制铭牌应齐全清新。

3. 其他防护装置

护顶架、挡货架须齐全有效。

第十节 装载机的特殊结构

装载机的车架有整体式和铰接式，整体式的转向是依靠车轮转向实现的（与叉车转向相似），而铰接式的转向是通过前后两个车桥轴线的夹角来实现的。如图 3—16 所示，车架是由前车架 10 和后车架 15 两部分组成，中间用铰销 14 连接，转动转向盘 4 通过转向液压系统使转向油缸 12 伸缩，前后车架便绕铰销相对转动，以实现转向。

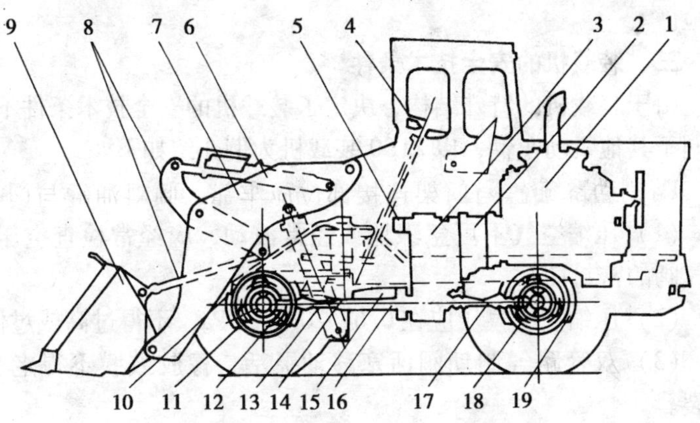

图 3—16 ZL50 轮式装载机总体结构

1—发动机 2—变矩器 3—变速箱 4—转向盘 5—油泵 6—转斗油缸 7—动臂 8—杠杆 9—铲斗 10—前车架 11—前驱动桥 12—转向油缸 13—动臂油缸 14—铰销 15—后车架 16—前传动轴 17—后传动轴 18—后驱动桥 19—制动器

一、工作装置

装载机的工作装置主要由铲斗、升降机构和倾翻机构组成。铲斗用以铲取散货，并通过升降机构和倾翻机构起升和卸载。

以图 3—16 所示的 ZL50 装载机为例，铲斗 9 负责铲取货物，转斗油缸 6 伸缩，通过杠杆 8 控制铲斗倾翻与回收。动臂油缸

13 的伸缩控制动臂 7 的升降。动臂 7 升降，铲斗 9 也随之升降。

装载机的液压驱动系统与叉车的液压驱动系统大致相同。

二、装载机的稳定性

由于铰接式装载机侧向倾翻临界线为前轮与后桥中点的连线，故转弯时横向稳定性较差，在坡道上作业时尤应注意。当装载机动臂平伸时，铲车自重与货物重量的合力作用线处于铲车支承平面以内，如铲车在坡道作业，极有可能使合力作用线处于临界状态或出临界线造成前翻。所以，铲车在坡道作业时一定要控制车速和转弯角度。在坡度太大的装卸场地不得作业，以免发生危险。

三、装载机的安全技术条件

由于装载机的特殊结构，决定了装载机的安全技术条件不完全同于其他机动车辆，以 ZL50 装载机为例介绍如下。

1. 制动系统

（1）压缩空气不可急骤地或经常波动，应经常检查空压机排气阀的密封性。

（2）压缩空气气压应在 0. 67 ~ 0. 69 MPa，不得过高或过低。

（3）双管路气制动阀活塞移动灵活，橡胶鼓膜不得老化、破裂。

（4）液压总泵储油室内液面高度距加油口 15 ~ 20 mm，低于此值时应及时添加制动液。

（5）在平直、干燥的水泥路面上以 25 km/h 的速度行驶，用脚制动时，其制动距离应不大于 10 m。以 30 km/h 的速度行驶，点制动时，应迅速出现制动现象，且不跑偏。

（6）制动器应经常保持清洁，对各种接头、连接部分应经常检查有无泄漏、松动，橡胶零件是否老化、变质。

（7）完全拉紧手制动操纵杆，装载机应不能起步并在不小于 5°的坡度上能停止。解除手制动后，摩擦片不得与制动鼓接触。

2. 铲斗起升机构

（1）动臂油缸、转斗油缸不得泄漏（内泄漏和外泄漏），橡胶件不得老化、变形，活塞杆全长弯曲度不超过0.15 mm。

（2）连杆与摇臂铰销、连杆与铲斗铰销装配间隙为0.08～0.21 mm，磨损后允许最大间隙为0.80 mm。动臂与铲斗铰销、动臂与摇臂铰销、动臂与车架铰销、动臂与动臂油缸铰销、动臂油缸与车架铰销装配间隙为0.1～0.25 mm，磨损后允许最大间隙为0.80 mm。当超过允许值时须更换销轴或轴套。

（3）额定载荷时，操纵分配阀的动臂阀杆，使动臂提升到最高位置时所需时间不大于8 s。

（4）额定载荷时，发动机和液压系统在正常操作温度下，将动臂举升到最高位置，分配阀置于中间位置，发动机熄火，动臂油缸活塞杆沉降量应小于40 mm/h。

第四章

车辆的使用、维护及故障诊断

车辆技术状况的好坏直接影响车辆行驶作业安全。欲保持车辆技术状况良好，必须对车辆科学管理，正确使用，强制维护，视情修理。其中，管理是基础，使用是关键。

第一节 车辆的正确使用

车辆在各种环境条件下行驶作业，各部件或总成的工作状况常有显著变化，使车辆使用性能变坏。因此，必须有相应的措施，保证在各种条件下正确使用车辆，防止机件损坏，确保行车作业安全并减少运行材料消耗。

一、通常情况下的使用

通常是指正常环境、普遍情况下的使用，驾驶员必须熟悉所驾驶车辆的技术性能，特别是很好地掌握与行车作业安全有关的技术特性。如车辆的额定载重量，叉车货叉最高起升高度和速度，行驶时货叉距地面高度，叉车起重架前、后倾角，自动倾卸车车厢最大起升高度，轮胎标准充气压力，最小转弯半径，最大爬坡度等。同时，严格按性能要求去操作。

在使用中，驾驶员要坚持“三检”，即出车前、作业中、收车后的检查。

驾驶员坚持“三检”是保证行车安全和保证车辆良好技术状况的基本要求。“三检”的主要项目和要求按出车前、作业中、收车后有所不同，但是出车前的检查尤为重要，带有隐患的不合格车辆不准出车作业。每个驾驶员要养成一种良好的习惯，就是在停车时围绕车辆四周检查车辆各外露部件是否有异常状况。

1. 检查的部位内容和要求

（1）轮胎。气压符合标准，不能过高或过低，无夹石、无破裂。无气压表时可敲击，凭经验判断。

（2）全车各部位外露螺栓无松动、不缺少。如轮胎螺栓、半轴螺栓、传动轴螺栓、钢板弹簧 U 形螺栓等。

（3）灯光、喇叭齐全有效。

（4）转向。转向盘灵活自如，自由转动量为 30°，横直拉杆不松旷、不碰磨。

（5）漏油。如变速箱、驱动桥、转向器等无渗漏，燃油箱无渗漏。

（6）漏水。散热器无漏水或防冻液水量符合标准，蓄电池无漏液，水泵、缸盖、缸体无渗漏。

（7）制动。制动管路无漏气、漏油，储气筒无漏气，放气开关完好，驻车制动器操纵杆移动量合格（3 ~ 5 齿），离合器踏板自由行程为 30 ~ 40 mm。

（8）发动机。检查油面高度应在机油尺刻度标准 2/4 ~ 4/4 之间，高压线无松脱，带无松动、破损，以大拇指按下带松紧度为 10 ~ 15 mm 为宜，启动发动机后无异响。

（9）驾驶室门须齐全、可靠，后视镜调整得当，雨刷器完好，仪表齐全有效。

在检查中，有的项目需要驾驶员之间配合操作完成为好。在行车作业途中及间歇时间注意检查发动机、制动鼓、轮胎温度，发动机及各总成部位有无异常，以便及时处理，必要时要中止作业进行维修。

收车后做全车清洗，做清洁擦洗车辆的过程也是全车检查的过程，随着擦洗的到位，检查也要到位并及时排除故障。同时，根据当天作业中发现的故障及时维修，以便保证下次出车作业的安全。

2. 车辆的正确使用注意事项

（1）在车辆投入使用之前，要组织驾驶员和维修工进行培训，熟悉掌握车辆出厂使用说明书的内容，了解车辆的主要性能和技术标准，掌握车辆使用中应注意的事项并严格按照要求去做。

（2）车辆的装置不得随意更改、拆除。

（3）对于车辆的燃、润料，必须按照出厂说明书的技术要求，结合本地区的气候、环境条件正确选用。进口车辆使用国产燃、润料时，应按出厂规定选用相适应的牌号。

不同种类和牌号的燃、润料，不得混合使用，更换不同牌号的润滑油时，必须事先做好清洁工作。

（4）车辆使用管理非常重要。在新车投入使用前应建立车辆档案，一车一档。在使用过程中随时记录车辆的使用情况，损坏部件的更换修理情况，燃、润料的消耗情况，作业里程或时间，轮胎使用、更换情况，车辆事故发生情况等。

要认真填写车辆档案，填写要及时、完整、准确。

（5）车辆的随车工具要妥善保管，特别是车辆专用工具，不得遗失，保证正确使用。

（6）车辆在投入使用前，应进行一次全面检查，并根据出厂规定进行清洁、润滑、紧固及调整。

（7）驾驶员在进行日常“三检”中，应建立“三检”记录，特别是在车辆双班或三班运行作业情况下，更有必要。需要驾驶员将当班按照规定项目的检查情况逐项记录下来，作为车辆运行记录和交接班车辆状况的依据。

二、特殊情况下的使用

1. 车辆在低温条件下的使用

在冬季，我国大部分地区的最低气温在0℃以下，北方地区

一般在 -25 ~ -10℃，西北、东北及西部边疆严寒地区最低气温可达 -35℃以下。车辆在低温条件下使用，会使发动机启动困难，冷却系和蓄电池容易冻结，燃料消耗增加，车辆发动机磨损加剧，行车作业困难，影响行车安全。

在低温环境下，车辆发动机润滑性能降低，流动性差，增大启动阻力，也加剧机件磨损。有资料表明，在气温为5℃时，若不加热水冷启动一次发动机，汽缸磨损相当于行驶 30 ~ 40 km 的磨损量。在 -18℃的气温下，冷启动一次发动机，汽缸磨损相当于行驶 250 km 的磨损量。在一台发动机的整个寿命中，由于启动造成的汽缸磨损量占总磨损量的5%，而冬季启动磨损量占启动总磨损量的60%~70%，说明冬季低温对发动机的影响是非常大的，必须引起重视。

在低温环境下，水冷式发动机的车辆在室外停放易冻裂散热器和汽缸体。如果蓄电池的电解液密度不够，也有冻坏的危险。

在冬季气温低的环境下行车作业要精心操作，特别是在严寒地区，冬季冰雪路面轮胎附着系数大大降低，车辆容易横滑，气压制动的管路中含水分易结冰，使制动性能降低，在刮风下雪时，驾驶员视线差，操作困难。

在低温条件下使用应采取以下措施：

(1) 在进入冬季前，应对车辆进行一次季节性维护。其主要内容是：换用冬季润滑油、润滑脂。目前随着科技发展，已生产出全天候冬夏季通用内燃机油。如 15 W/40，因温度变化对润滑油的流动性和润滑性能影响很小，已经在客车和小型客车上普遍使用，但因价格较高，在大型载重货车上的使用受到一定的限制。使用品质好的润滑油避免了气温变化带来的影响。

润滑脂要耐高温，且具有良好的抗水性和氧化安定性，通常采用性能较好的锂基脂，适用温度在 -20 ~ 120℃。

调整蓄电池电解液的密度。不同密度冻结温度不同，密度为 1.28 g/cm^3 的电解液，其冻结温度最低可达 -60℃。

（2）水冷式发动机的车辆在室外停放时应及时放水，也可以加注防冻液，有条件的情况下，尽量避免露天停放。同时，收车后应放净储气罐内的存气、积水。

（3）柴油发动机的车辆要使用低凝点的柴油。常用国产柴油按凝点分为10号、0号、－10号、－20号、－35号，使用的柴油牌号应低于大气环境温度5℃以上。

（4）采取保温措施和装置。在发动机罩上装置保温套，散热器前装置保温帘，散热器百叶窗应完好，保持发动机罩下空间温度在30～40℃。车辆停放时要关闭百叶窗和保温帘。

（5）发动机启动前要加热水预热。严禁冷启动。

（6）适当调高浮子室油平面高度，适当增加分电器触点闭合角度，触点间隙调小，以增强火花强度。调整发电机调节器以提高发动机充电电流。

（7）精心驾驶和操作。在冰雪路面上行驶时，要采取防滑措施。降低车速，转弯时尽量放大转弯半径，禁止急转弯、急刹车。发生车辆打滑时，要注意车辆横滑。叉、吊车在作业前应进行起重机构空载操作，观察有无异常。在行车作业中注意水温，适当调节保温帘和百叶窗的开度。

2. 车辆在高温条件下的使用

高温季节，由于气温高，发动机冷却散热不良，易使发动机温度过高；高温使润滑油黏度下降，润滑性能变差；高温易使燃料系产生“气阻”，影响发动机正常工作；外界气温高，使轮胎散热慢，易使轮胎气压增高，长时间作业易使轮胎爆破。

高温条件下作业应采取以下措施：

（1）根据不同地区的季节特征，在进入高温季节前要进行必要的检查、调整，做季节性维护。其主要内容是：换用高黏度的夏季润滑油或熔点高的润滑脂。换用耐高温且不易挥发的合成型或矿物油型制动液，但使用矿物油型制动液时，制动系要使用耐油的丁腈橡胶。为提高发动机冷却系的散热强度，应清除水垢。一般可采用化学清洗剂，按规定比例注入散热器中，启动车辆运转 30 min 以上，然后放出，这时可将冷却系中的薄层水垢清除下来。检查节温器是否正常，调整风扇带的松紧度和风扇叶片的角度，以保持良好的散热效果。

（2）调整发电机调节器，减小充电电流，适当降低浮子室油平面高度。

（3）调整降低蓄电池电解液密度，经常检查蓄电池电解液液面高度，并补充蒸馏水，保持液面一定高度（应超过极板 10 ~ 15 mm）和通气孔畅通。

（4）在高温季节作业中，要注意检查轮胎气压和温度，保持规定的气压，利用作业间歇时间，将车停放在阴凉通风处，待轮胎温度降低后再继续作业。严禁用给轮胎放气和浇冷水的方法降低轮胎温度和气压，以免加速轮胎损坏。

3. 车辆在山区或高原地区的使用

由于高原地区的海拔高、气压低，造成车辆的动力性、经济性和安全性下降。

由于气压低、空气稀薄，发动机充气量减少，汽缸内压缩终了的压力和温度降低，混合气体的燃烧速度相应缓慢。由于气压低，使真空点火提前装置的工作受到影响，使点火时间相应推迟。这些都会造成发动机功率下降。同时，由于充气量减少，使混合气体中的燃料含量过大，燃烧易不完全，造成燃料消耗增加。

由于气压低，水的沸点也降低，冷却水易蒸发，从而使发动机温度上升，所以需要经常补水。同时，由于冷却效果不良，使润滑性能下降，导致发动机磨损增加，发动机使用寿命缩短。

车辆在高原地区使用应采取以下技术措施：

（1）提高压缩比。一般可采用减小汽缸垫厚度或使用薄型汽缸盖，缩小燃烧室容积的方法。

（2）加装增压器，加大汽缸的进气压力，增加进气量。

（3）调整点火时间，可调整点火提前角（略提前 1° ~ 2°）。

调整分电器触点间隙，使火花增强，改善燃烧。

（4）相应调整化油器或喷油泵，减少供油量。

（5）为防止液压制动管路中产生“气阻”，应使用矿物油型制动液（矿物油型制动液不易挥发，制动效果好，适应山区、高原地区经常踩刹车的情况）。

（6）加强制动系和转向系的检查和维护工作，确保效能可靠、工作正常。

（7）在风沙严重地区作业时，应加强发动机空气、机油、燃油滤清器的维护工作。

（8）作业时要注意发动机的温度。温度过高时，要检查冷却水量。作业间歇时，要检查车辆轮胎温度。

4. 车辆走合期的使用

新车或大修后的车辆及装用大修后的发动机的车辆，在使用初期称为走合期。走合期是按照行驶里程或时间，根据各种车辆出厂的规定确定。一般为1 000～1 500 km行驶里程或40～60工作小时。

车辆在使用初期正常走合非常重要，对车辆使用寿命有直接影响。新车或大修后的车辆，尽管在生产过程中各部总成件已经过磨合，但零件加工中总会存在符合规定的几何偏差，在总成及部件装配过程中，也会有一定允许的误差。因此，新的配件运动时，相互间产生摩擦，其摩擦表面压力要比理论上大得多，同时，还会造成摩擦面温度升高。往往由于装配中的误差，使间隙小的地方，润滑油不易到达摩擦表面，造成润滑不良，加剧零件磨损，甚至导致过热膨胀，过度磨损，零件表面刮伤，引起零部件的早期损坏或影响使用寿命。所以，新车、大修后的车辆，包括发动机大修的车辆，在使用初期必须经过一定时间的走合。

车辆走合期必须遵守以下规定：

（1）减载。在走合期内一定要减轻装载，各种车辆按出厂具体规定减载，一般按标准载重减载20%～25%。同时，不允许拖带其他车辆。

（2）限速。走合期内应控制发动机的转速，保持发动机正常温度。一般在发动机上加装限速装置，在走合期内不准拆除。若没有限速装置，驾驶员在走合期内必须严格减速和避免长时间不间断地作业。

（3）紧固。走合期内，要特别注意做好日常检查、维护工作，尤其是在走合期初期。经常检查紧固车辆各部外露螺栓、螺母，尤其是对转向、制动、传动系统等更要加强检查有无松旷、渗漏现象。

（4）在走合期内，要注意各总成部件在运行中的声响和温度有无异常，发现后必须立即停车，及时查明原因，进行调整，排除故障。

（5）走合期满，应对车辆进行全面的检查、清洗、润滑、紧固、调整，即进行一次走合维护。走合期维护项目及要求可按车辆生产厂的走合规定进行。其主要项目为：

①清洁车辆；全面地检查、拧紧各部外露螺栓、螺母；拧紧汽缸盖螺栓。铝质缸盖在发动机冷态时拧紧后启动发动机，铁质缸盖待发动机热启后再检查铁质汽缸盖螺栓的紧度。

②清洗发动机曲轴箱、变速器并更换润滑油。

③拆除发动机限速装置。

④清洁机油、空气、燃油滤清器并更换滤芯。

⑤润滑全车各润滑点。

⑥检查制动、转向系的技术状况是否正常，并进行必要的调整。

⑦排除在走合期中发现的一切故障。

第二节　车辆的维护

车辆在使用中受各种因素的影响，其各部机件必然会逐渐出现不同程度的磨损和损坏。为避免零部件的早期损坏，应及时采取必要的技术措施，即进行车辆的维护作业。

车辆的维护贯彻预防为主、强制维护的原则。其目的是及时发现和消除故障隐患，防止早期损坏，它与车辆修理是两种不同性质的技术措施。车辆维护是降低零部件磨损程度，预防故障发生，延长使用寿命而采取的预防性技术措施。车辆修理是处理已出现的故障，修理或更换已损坏的零部件，为恢复技术性能而采取的技术性措施。严格地执行车辆的维护制度，必将给企业带来经济效益，给驾驶员带来收益和安全。

车辆行驶到一定的里程或工作一定的时间后进行车辆维护，这种需要维护的行驶里程或工作时间称为维护周期。根据不同的维护周期而制定出不同的作业范围称为维护分级。车辆的维护分为日常维护、一级维护、二级维护、季节维护、走合维护。

走合维护如前所述，是指新车或大修后车辆使用初期，一般在1 000～1 500 km行驶里程或60～80工作小时所进行的技术维护。

季节维护是指在进入夏季、冬季前为车辆合理使用所进行的技术维护，可结合定期维护合并进行。

一、二级维护属于定期维护，维护周期间隔里程或工作时间可根据不同车型的结构特点和技术状况、使用条件，参照车辆出厂使用规定来确定，一般为：

一级维护：国产车辆间隔在1 500～2 000 km行驶里程（10～15天）；进口车辆间隔在3 000～5 000 km行驶里程（15～25天）。

二级维护：国产车辆间隔在12 000～14 000 km行驶里程（3个月至3个半月）；进口车辆间隔在16 000～20 000 km行驶里程（4～5个月）。

各级维护的作业内容：

日常维护：是由驾驶员在每天出车前、行车中、收车后负责进行的日常作业。其作业中心内容是清洁、补给和安全检视，发现问题及时处理。

一级维护：是由维修人员负责的作业。其作业中心内容是除日常维护作业外，以清洁、润滑、紧固为主，并检查制动、转向等安全部位，发现问题及时维修。

二级维护：是由维修人员负责的作业。其作业中心内容是除一级维护作业外，以检查、调整为主，并拆检轮胎，进行轮胎换位。轮胎换位是使各车辆轮胎磨损均匀，延长轮胎使用寿命。常用的换位方法是交叉换位或循环换位。

车辆二级维护前，应进行检测诊断和技术鉴定。根据结果，确定附加作业或小修项目，结合二级维护一并进行。

各级维护作业内容的具体规定，必须根据不同厂牌、车型的结构特征、配件质量、故障规律、使用条件，以及经济性等情况综合考虑。一般维护内容要在车辆使用一段时间或过程中及时调整，以确实达到预防为主的目的。

车辆在运行作业过程中，对于因零部件磨损、变形、损伤而不能继续使用产生故障或维护作业中发现的隐患，需要进行必要的修理和排除。车辆的修理应贯彻视情修理的原则，即根据车辆检测诊断和技术鉴定的结果，视情按不同作业范围和深度进行，既要防止延误修理造成车况恶化，又要防止提前修理造成浪费。

车辆的修理包括车辆大修、总成大修、车辆小修和零件修理。目前，车辆使用中的修理作业范围以总成大修、车辆小修为主。

总成大修，如发动机、变速箱、后桥等车辆的总成经过一定时间的使用后，用更换总成零部件的方法，恢复其完好的技术状况，延长使用寿命。

车辆小修，是用修理或更换个别零件的方法，恢复车辆工作的能力，保证车辆技术性能，消除车辆作业中发生的故障或维护作业中发现的隐患。

由于企业内机动车辆种类较多，不便逐一叙述，故选取最有代表性的蓄电池叉车、装载机的维护规范进行介绍。

一、蓄电池叉车的维护

1. 日常维护

由驾驶员执行，其规范分为出车前、作业中、作业后 3 个阶段。

（1）出车前

1）检查报修项目是否完成、合格。

2）检查行车、驻车制动和转向是否良好、有效。

3）检查起重链、门架、货叉有无损伤，是否牢固。

4）检查电动机固定螺栓及防护带是否牢固。

5）检查减震板螺栓紧固情况。

6）检查蓄电池组电解液是否充足，各连接线、接线卡头是否紧固。

7）检查喇叭、灯光及仪表是否正常。

8）检查控制屏是否清洁、干燥。

9）检查接触器分离情况及触头表面有无烧灼现象。

10）检查主令开关对应小凸轮转动角的关合情况是否正确。

11）检查各液压装置有无漏油，工作是否正常。

12）检查电气线路各接线有无磨损、短路和松动。

13）检查各操作手柄是否处于零位或空挡。

14）检查轮胎气压和胎况。

（2）作业中

1）检查制动、转向机构工作情况。

2）检查液压系统工作情况。

3）检查电气控制系统、接触器工作情况。

4）检查电动机工作是否正常。

5）检查减速器工作是否正常。

6）检查差速器工作是否正常。

7）检查油泵工作是否正常。

8）闻电气线路和电动机有无异味。

（3）作业后

1）清洁擦洗车辆并检查车辆外露部件。

2）清扫电气控制屏。

3）用抹布蘸5%的碳酸钠或氢氧化铵溶液擦去蓄电池极柱及表面外溅电解液。

4）检查有无漏油、渗漏电解液现象并及时排除。

5）检查蓄电池组电压及电解液密度，并视需要进行充电。

6）检查起重链、货叉、门架、护顶架有无裂纹及损坏。

7）作业中发现的异常现象和检查中发现的故障应及时报修。

2. 一级维护

由专业修理工负责，其作业规范如下：

（1）检查紧固车辆全部外露螺栓、螺母。

（2）检查各总成内润滑油液面，视需加添润滑油。

（3）检查控制屏各接头焊接处并进行紧固补焊。

（4）检查接触器触头接触是否良好。

（5）对蓄电池各卡头进行清洁、紧固。

（6）清洁电动机外表及电刷架。

（7）对全车各润滑部位加注润滑脂。

3. 二级维护

由专业修理工负责，除完成一级维护规定的作业项目外，其作业规范如下：

（1）检查调整制动系统。

（2）检查调整转向机构。

（3）检查前后轮毂及轮胎，并进行轮胎换位。

（4）调整电动机电刷弹簧压力，紧固刷架、刷握，更换轴承润滑油。

（5）检查接触器，调整紧固弹簧、触头、导线等。

（6）检查电气控制屏，紧固、焊牢更换部分电子器件及导线。

(7) 检查减速器、联轴节。

(8) 检查蓄电池并进行充电。

(9) 更换各总成内润滑油。

(10) 检查喇叭、照明及仪表。

(11) 检查起重机构。

二、装载机（ZL50型）的维护

1. 日常维护

由驾驶员负责，其规范分为出车前、作业中、作业后3个阶段。

(1) 出车前

1) 检查报修项目是否完成、合格。

2) 检查行车、驻车制动是否良好。

3) 检查转向机构是否灵敏、有效。

4) 检查铲斗的举升及翻转机构工作是否正常。

5) 检查发动机运转是否正常。

6) 检查发动机润滑油、冷却水及蓄电池电解液是否充足。

7) 检查轮胎螺栓紧固情况。

8) 检查轮胎压力是否标准。

9) 检查喇叭、照明及仪表是否正常。

(2) 作业中

1) 检查制动机构工作是否正常。

2) 检查转向机构工作是否正常。

3) 检查液压系统工作是否正常。

4) 检查铲斗举升及翻转机构的机件有无异常或损坏现象。

5) 检查发动机工作是否正常。

6) 检查变矩器及变速器工作是否正常。

7) 检查差速器及减速器工作是否正常。

8) 检查轮胎螺栓紧固情况。

9) 检查轮胎压力是否标准。

（3）作业后

1）清洁擦洗装载机外部并检查外露部件。

2）检查液压油路有无漏油现象并排除。

3）检查各油缸有无漏油现象并排除。

4）检查铲斗的举升及翻转支架有无裂纹及损坏。

5）作业中发现的异常现象和检查中发现的故障应及时报修。

2. 一级维护

由专业修理工负责，其作业规范如下：

（1）检查紧固车辆全部外露螺栓、螺母。

（2）检查各总成内润滑油液面，视需要加添润滑油。

（3）清洗空气滤清器、机油滤清器、柴油滤清器和变矩器滤清器。

（4）测量并加添蓄电池电解液及清洗表面，蓄电池接头涂薄层凡士林。

（5）检查工作装置、前后车架、副车架各受力焊缝、固定螺栓有无裂缝及松动并排除。

（6）检查轮胎压力是否标准并调整。

（7）对全车各润滑部位加注润滑脂。

3. 二级维护

由专业修理工负责，除完成一级维护规定的作业项目外，其作业规范如下：

（1）检查调整制动系统。

（2）检查调整转向系统。

（3）拆检前后轮毂及轮胎，并进行轮胎换位。

（4）更换发动机润滑油。

（5）更换变速箱、减速器齿轮油。

（6）检查变矩器、变速箱、转向机的工作性能，并排除故障。

（7）更换液压系统工作油，清洗油箱过滤器及油箱底部。

(8) 检查工作装置、车架各部焊缝有无裂纹，以及各螺栓紧固情况。

(9) 检查轮辋焊缝及各受力部位。

(10) 检查喇叭、照明及仪表。

第三节　车辆故障的诊断及排除方法

车辆在使用中时常会发生故障，应及时排除。故障发生的原因一般为车辆设计、制造时造成的缺陷和不符合标准；车辆零部件质量不合格；使用、管理不当；日常维修质量不高；作业环境比较恶劣；车辆使用时间已长等。

车辆发生故障时需要驾驶员及时发现和进行初步的诊断，通常采用的是人工直观诊断方法。车辆故障的排除一般情况下是由修理人员进行的。

人工直观诊断是通过直观检查和道路试验确定车辆技术状况和故障，通过眼看、耳听、手摸、鼻子嗅以及试车搞清故障征状，然后具体分析，由表及里，按系分段，并筛选及综合分析，确定故障。上述各种故障诊断方法可根据不同的故障视情况灵活运用。这些诊断方法不够精确，仅适用于查找比较明显的故障。

不解体检验是目前采用的现代诊断方法，是在总成部件不解体的情况下用测试仪器及检测设备来确定车辆的技术状况和故障，同时采用室内道路条件模拟机械设备来代替路试的一种科学诊断方法。

一、车辆常见故障的诊断及排除方法

(一) 发动机异响

发动机异响包括一般性故障，但绝大多数属于严重故障甚至是会造成总成部件发生重大损坏的故障。因此，驾驶员在发现发动机出现异常响声时要立即停止作业，认真检查判断异响产生的部位和听察异响的声响特征、强度。当未能判断出异响原因，未

排除故障时，应中止运行，寻求修理。

为了掌握判断发动机异响的技术，首先要了解发动机异响产生的部位、声响特征、出现时间及变化规律，从中按照各种不同声响特征和掌握的知识，并借助于适时地观察排气烟色、烟量的变化，找出产生故障的根源。

发动机异响主要有气门响、气门挺杆响、活塞敲缸响、连杆轴承响、活塞销响、曲轴轴承响、活塞环响等。车辆在正常使用情况下，发动机异响的原因来源于润滑不良或零部件严重磨损、间隙过大、松动、变形。常见的发动机异响故障诊断见表 4—1。

表 4—1　　常见的发动机异响故障诊断

异响类别	听诊部位	异响特征	辅助听诊措施	故障原因	排除方法
气门响	气门室侧	怠速时有节奏的尖脆“嗒嗒”声；随转速增高，声响随之增大；单缸断火，声响不变；声响与发动机温度无关	怠速时，用厚薄规（塞尺）插入气门间隙处，听声响减弱或消失	气门间隙过大，凸轮磨损，气门杆与导管磨损松旷	调整，视情维修
气门挺杆响	气门室侧	有节奏的清脆声响，怠速时明显，随转速增加，声响减弱或消失；声响与发动机温度无关	用铁丝钩径向拉住有故障的挺杆，如果声响减弱或消失，即为该挺杆故障	挺杆与导孔之间松旷，挺杆端头磨损有槽沟，挺杆不能自由转动	视情维修
活塞敲缸响	汽缸体上部	怠速时声响明显发出清脆的“当当”声；发动机温度低时明显，随温度上升，声响减弱或消失；单缸断火，声响减弱或消失	机油加注口处冒烟，排气管冒蓝烟，向可疑故障汽缸内加入少量机油，声响减弱或消失	活塞与汽缸磨损致使配合间隙过大	视情维修
连杆轴承响	汽缸体机油加注口处	由怠速突然加速有明显的敲击声，转速越快，声响越大；单缸断火，声响减弱或消失	机油压力下降	连杆轴承盖螺栓松动，轴承合金脱落；轴承径向间隙大	维修

（二）汽油发动机供油系常见故障

汽油发动机供油系常见故障一般有堵、漏、坏 3 种情况，而堵和漏更为常见。故障部位如图 4—1 所示。在诊断故障时要按照供油路线分段检查，由简到繁，由外到里。

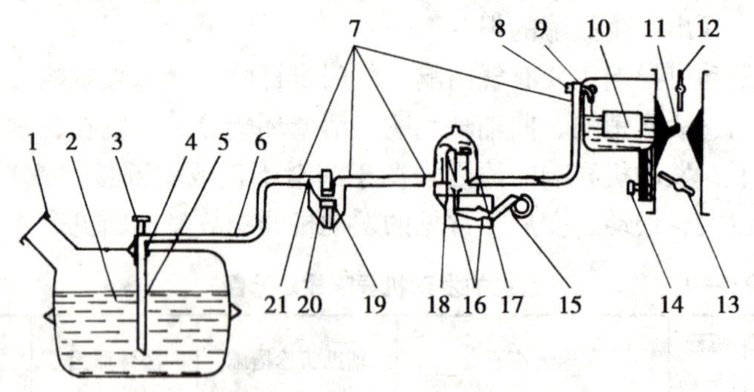

图 4—1 供油系常见故障部位

1—油箱盖空气孔堵塞 2—油箱存油不足 3—油箱开关未打开
4—油箱上油管锡焊处断裂 5—油箱上油管堵塞 6—油管破裂
7—油管接头松动 8—三角针阀卡死或关不严 9—化油器进油接头滤网堵塞
10—浮子破裂 11—主量孔或主喷管堵塞 12—阻风门未拉开
13—节气门轴松旷 14—怠速调整螺钉调整不当 15—汽油泵摇臂磨损
16—汽油泵内、外摇臂接合处磨损 17—汽油泵杯衬垫漏气 18—汽油泵滤网堵塞
19—汽油滤清器滤芯堵塞 20—汽油滤清器中心螺栓衬垫漏气
21—汽油滤清器沉淀杯衬垫漏气

1. 不来油或来油不畅

不来油或来油不畅的原因有化油器故障、汽油泵故障、汽油滤清器故障、油管路上的故障、燃油箱故障。

供油故障的诊断如图 4—2 所示。

2. 混合气过浓

混合气过浓的主要原因是化油器中发生故障，其次是空气滤清器堵塞和机油液面过高，汽油泵压力过大。造成发动机不易启动，启动后不稳，排气管冒黑烟，加速时还伴有“突突”声，有时会放炮，发动机动力不足。

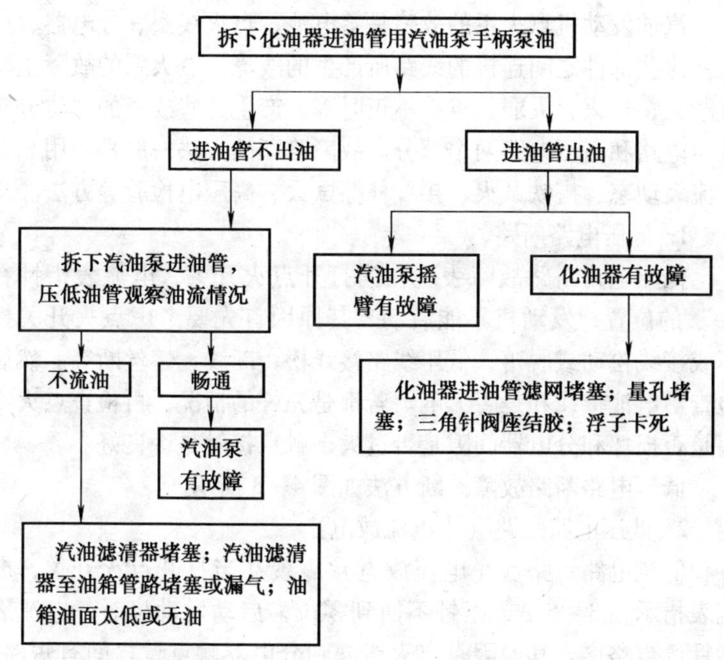

图 4—2　不来油或来油不畅的故障诊断

3. 混合气过稀

混合气过稀首先要考虑是否为供油管路故障，检查是否出现漏气、漏油和堵塞的现象。另外，检查是否为汽油泵和化油器的故障。

混合气过稀时会造成发动机不易启动，启动后无力，加速时化油器出现回火，怠速时易熄火。

4. 怠速运转不良

怠速运转不良一般是怠速不稳、怠速过高。原因主要是化油器的故障。如怠速调节螺钉和节气门螺钉调整，浮子室平面过低，怠速量孔堵塞等，所以，必要时要拆检化油器。另外，要检查点火正时。

（三）汽油发动机点火系故障

汽油发动机点火系的故障是蓄电池、点火线圈、分电器、火花塞这些部件之间连接的线路所产生的故障。点火系的故障主要有断火、缺火、火弱、点火不正时等。产生这些故障的部位分属低压电路和高压电路两个部分。故障诊断的方法一般是利用车上电流表动态、搭铁试火、接线柱擦试火、高压电检验等方法。

1. 低压电路断路

低压电路断路故障表现在当打开点火开关，电流表指针在“0”的位置，发动机不能启动。其原因首先要考虑点火开关损坏或接线松动或脱落，低压线路接线松、断线，熔丝断等。然后检查蓄电池接线和是否无电。若都是完好的情况，再检查点火线圈是否损坏和分电器间隙是否过大、触点接触是否良好。

低压电路断路故障诊断方法如图 4—3 所示。

2. 低压电路短路（小电流放电）

低压电路短路（小电流放电）表现在当打开点火开关，电流表指示在 3 ~ 5 A，指针不回到零位，启动发动机时，电流表指针读数略增。其原因是点火线圈到分电器触点臂之间有短路。即检查点火线圈或附加电阻是否短路、分电器电容器是否短路或活动触点臂是否短路。

低压电路短路（小电流放电）故障诊断方法如图 4—4 所示。

3. 低压电路短路（大电流放电）

低压电路短路（大电流放电）表现在当打开点火开关，电流表指示在 10 A 以上不动，启动发动机时，电流表指示值更大。其原因是点火开关至点火线圈间短路或点火开关到仪表板间导线短路。应检查点火开关是否短路，点火线圈是否短路，以及线路是否短路。

低压电路短路（大电流放电）故障诊断方法如图 4—5 所示。

4. 高压电路故障

高压电路故障表现在当打开点火开关，电流表指示 3 ~ 5 A，

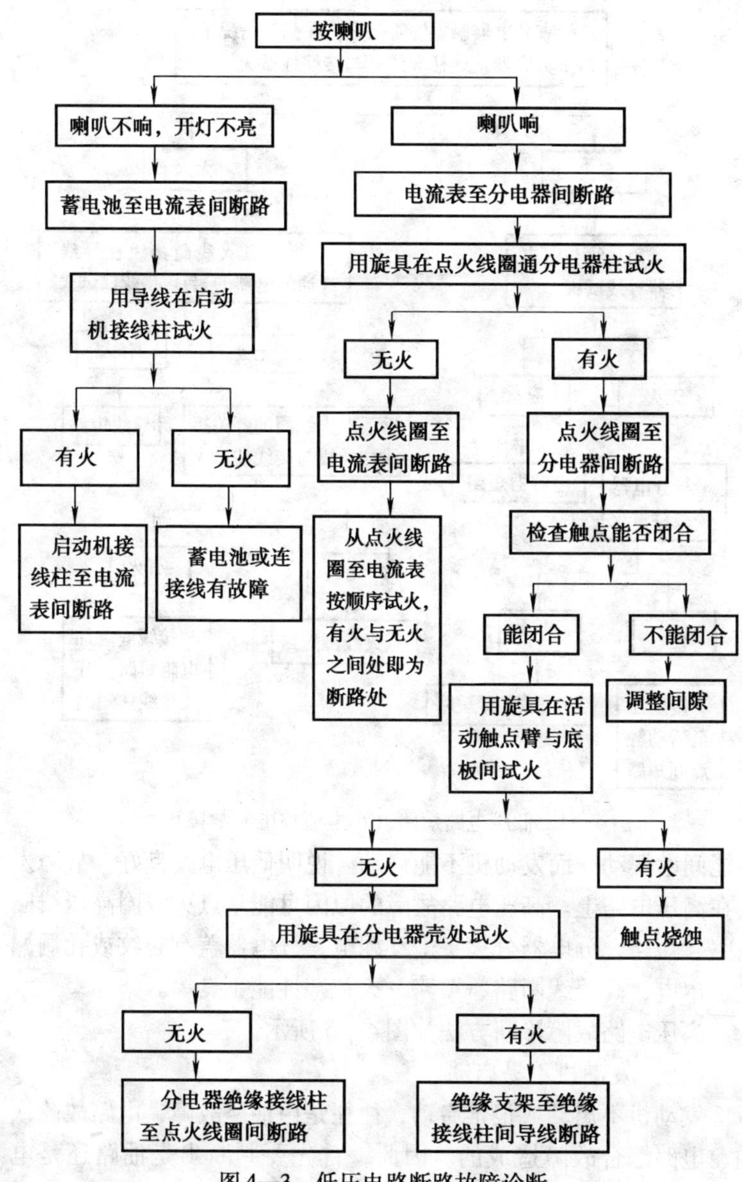

图 4—3　低压电路断路故障诊断

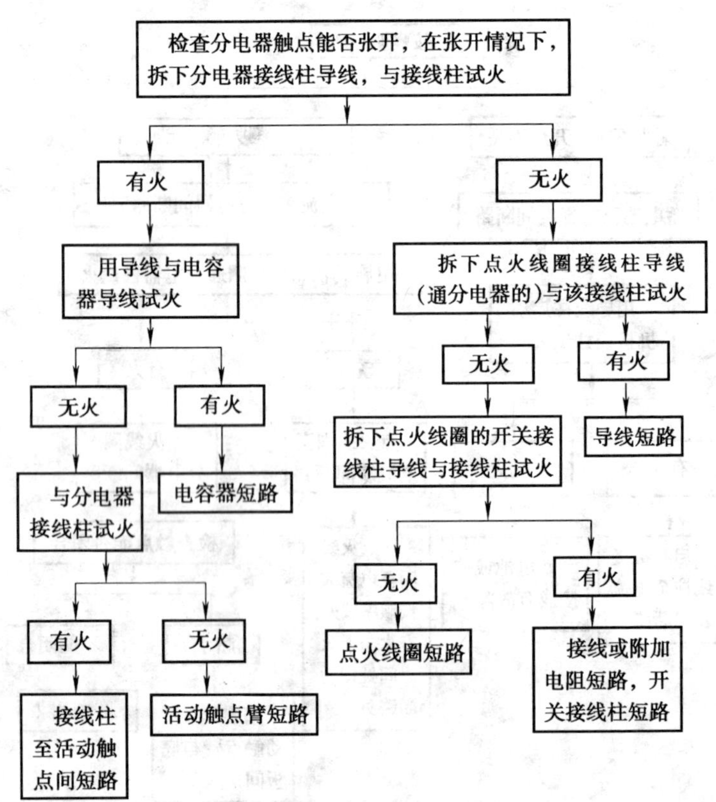

图 4—4　低压电路短路（小电流放电）故障诊断

并能间歇摆动，而发动机不能启动。说明低压电路良好，故障发生在高压电路上。高压电路故障的原因可能是点火线圈高压线圈断路、短路，分电器分火头击穿漏电，分电器盖有裂纹或孔洞漏电、窜电，高压线断路、短路，火花塞性能不良等。

高压电路故障诊断方法如图 4—6 所示。

（四）发动机不易启动

发动机不启动或很难启动，往往是由油路故障，电路故障或油、电路综合故障造成的。因此，首先要判断出是油路还是电路。诊断方法是从电路开始检查，先排除蓄电池有无故障，然后

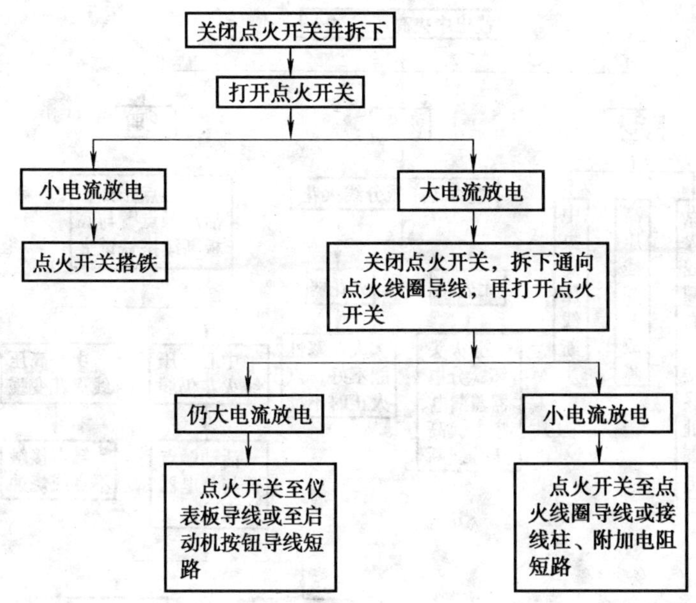

图 4—5　低压电路短路（大电流放电）故障诊断

观察电流表指针读数情况，以确定是否是低压电路中的故障。当确定低压电路正常时，拔出分电器中心高压线试火，如果无火或火弱，说明电路有故障，按照高压电路故障去诊断直至排除。如果有火，再检查各高压分线试火，若火花正常，可检查火花塞是否工作正常。在火花塞性能良好时，说明故障在供油系统，并按油路故障诊断方法去排除。当油、电路都检查完毕且均正常时，可检查点火正时。

（五）发动机可启动，但运转不正常

发动机虽然可以启动，但运转不正常，如怠速不稳、加速不良、运转时有节奏地振动、运转不均匀等。发生上述故障时，应根据情况对症诊断。故障主要发生在化油器和高压电路中及点火正时。

（1）怠速不稳。首先检查油路的供油情况、分电器断电触

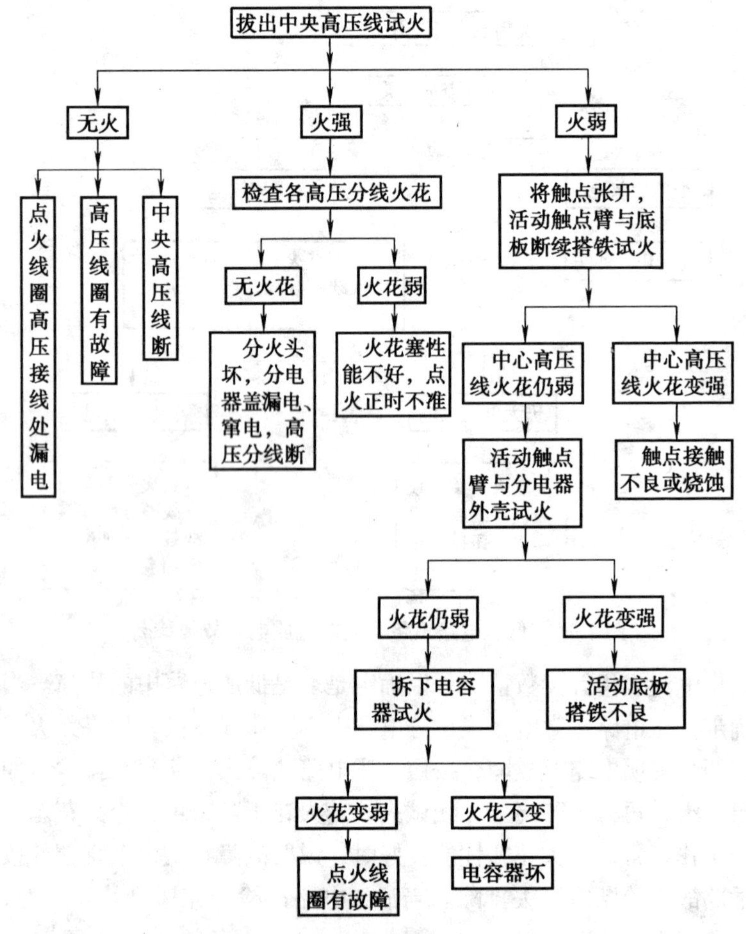

图 4—6　高压电路故障诊断

点是否烧蚀、火花塞火花强弱，再检查点火正时是过迟还是过早。

（2）化油器回火、放炮。一般在加速时尤为明显，应检查点火次序是否错乱，分电器盖插孔是否窜电。

（3）加速时，排气管有严重的突爆声，怠速时容易熄火，一般是点火过早，应检查点火正时和断电触点间隙。加速时不易加速，转速不能随之提高，往往是点火时间过迟，也要检查调整点火正时和触点间隙，检查的部位仍是分电器。

（4）发动机运转时有节奏地振动，说明有的汽缸工作不正常，可逐缸断火检查判断。当某缸断火时发动机运转状况没有变化，即证明此缸工作不好，进而检查该缸火花塞火花并顺序检查线路和分电器。若发动机运转不均匀，说明各缸均有火弱或断火现象，应检查分电器。如触点是否烧蚀，分火头漏电，分电器轴承、凸轮是否磨损等。

（六）制动系的故障诊断

制动系的故障一般表现在制动失灵、跑偏、咬死。制动系统保持完好状况是保证车辆安全行驶的必要条件，出现故障要及时排除。制动系的故障排除是由专业修理人员进行的，但作为一名驾驶员也要了解故障的特征、基本原因和应急处理方法。

1. 液压制动

（1）制动不灵。为使制动系保持良好状态，要做到经常检查制动管路及接口不松动、不漏油、无裂纹和凹瘪；制动软管不老化、不破裂；制动总泵、分泵不漏油，制动液充足；夏季要使用矿物质挥发性高的制动液；制动踏板自由行程不应过大；制动系统内不能渗入空气。上述现象如何将直接影响制动状况。如果坚持做到及时检查和排除，一般情况下会避免制动系统不良的现象。

除此之外，发生制动不灵还可能是制动总泵内部零件失效，需要拆检维修。如果出现制动鼓与摩擦片间隙过大，摩擦片接触面积小、有油污、硬化、有裂损，制动鼓有沟槽或变形、失圆等现象，需要由修理人员进行检修。

（2）制动咬死。制动咬死发生的原因是制动鼓与摩擦片间隙过小、制动蹄片回位弹簧折断或太软、制动蹄片与支承销锈死、制动分泵活塞或皮碗卡住。这些故障影响车辆个别车轮咬死或犯磨。当制动总泵回油孔堵塞或活塞皮碗卡住时，就要影响到各车轮的制动。

2. 气压制动

保持气压制动性能良好，要经常检查并保持空气压缩机工作正常，储气筒气量充足，制动管路及接口不松动、不漏气、不堵塞，制动踏板自由行程适当，制动软管不老化、不磨损。

除此之外，制动不灵的原因还可能是车轮制动鼓和摩擦片及其间隙的故障，制动室膜片老化、破损，弹簧过软、推杆行程过长，制动阀（制动总泵）调整不当，制动凸轮轴蹄片轴锈蚀或松旷等。需要维修人员拆检维修。

（七）转向系常见故障

转向系的常见故障一般有转向沉重、摆头、转向跑偏。

1. 转向沉重

为避免转向沉重，要做到经常检查，并保持转向器不缺油，横、竖拉杆不变形，球头不缺油锈死，轮胎气压不缺气，转向节主销与衬套不缺油，转向节止推轴承不缺油。因为这些是容易导致转向沉重的因素。

除此之外，转向器蜗杆上下轴承过紧或损坏，蜗杆与滚轮啮合间隙过小。转向节主销与衬套配合过紧，止推轴承损坏，前轴弯曲变形，前轮定位失准，转向节变形等，也是导致转向沉重的重要原因。

故障诊断是用千斤顶支起前桥，测量前束，若前束不符合规定标准，即先要调整前束。若前束合格，拆下转向摇臂，转动转向盘，此时若感到沉重，即可判断是转向器部位发生故障。转向器一般故障是蜗杆与滚轮啮合间隙过小、滚轮轴承损坏、转向摇臂与衬套缺油或间隙过小等。

若拆下转向摇臂，转动转向盘不感到沉重，即可判断故障发生在转向的传动机构。主要有转向横直拉杆球头过紧或缺油、转向节主销与衬套缺油或过紧、转向节止推轴承损坏或缺油等。

2. 摆头

前轮摆头主要故障是转向系统中有的部件松旷。如转向器中蜗杆与滚轮的啮合间隙过大，蜗杆上下轴承间隙过大，横直拉杆球头磨损、松旷，转向节主销与衬套间隙过大，前轮轴承松旷，前轮轮辋拱曲变形，前桥钢板弹簧 U 形螺栓松动或中心螺栓松动、损坏等。

3. 转向跑偏

转向跑偏，首先检查两前轮轮胎气压是否一致、轮胎规格和磨损程度是否一致、前桥左右钢板弹簧是否有一侧折断（特别是第一片折断）或两边弹力不均。然后要检查前轮定位，是否前轴变形、转向节变形。如果车辆发生过严重碰撞，还要考虑是否车架变形。

二、柴油车辆常见故障的诊断和排除方法

柴油车辆与汽油车辆的主要区别在于发动机，特别是燃料系。柴油车辆发动机的故障除了与汽油机有部分相同之处外，绝大部分故障均发生在燃料系。

1. 柴油发动机对使用柴油的要求

柴油发动机所使用的柴油要求必须清洁和标号符合规定。柴油中不得含有固体杂质和水分。因此，柴油的净化处理是关键，对柴油的储存和净化处理不当将直接影响到柴油发动机的正常工作和发动机燃料系中部件的使用寿命。

柴油发动机的喷油泵是发动机的心脏。喷油泵的柱塞配合间隙在 0.001 ~ 0.003 mm 范围内，精密度很高，如果柴油中混入固体杂质将会加剧机件磨损，影响发动机工作。如果柴油中含有水分，不但会使发动机运转不正常，还会使喷油泵的零件表面锈蚀，在冬季还会引起燃料系内结冰，发动机无法启动。

在使用柴油时，必须经过储存、沉淀、过滤。柴油储存要使用大容积的油罐，以便经过一定时间的静置沉淀，将柴油中较大颗粒的固体杂质在罐内沉淀下来。然后，还必须经过长时间的静置沉淀（一般在 72 h 以上），以便将柴油中的固体杂质和水分下沉与柴油分离。因此，储存柴油的加油站应当配备多个立式沉淀

罐，以保证沉淀的时间并配置过滤装置，将静置沉淀后的柴油用油泵压入过滤器内，经过过滤器滤芯流入到加油罐，才能加注到车辆油箱内使用。同时，还要定期清除静置沉淀罐底部的杂质和水分，以保持罐内的清洁。

柴油发动机的供油不畅或工作过程中不来油，往往是柴油净化处理不当，长时间使用后，造成油路中的滤网、滤芯堵塞，导致供油中断。

使用柴油还要注意标号，一般使用柴油的标号要低于发动机工作时大气气温5℃左右。即夏季为0号柴油；冬季外界气温在-5～0℃时，使用-10号柴油；外界气温低于-10℃时，要使用-20号柴油。否则会引起柴油滤清器、管路内柴油冻结，造成启动困难或供油中断，使发动机熄火。

2. 气阻

燃料系中进入空气，在管路中发生“气阻”，造成发动机不易启动或工作无力，甚至熄火。

空气之所以能进入燃料系，主要是由于在油箱至输油泵这段管路内燃油压力低于大气压力。当管路的接口不密封、衬垫损坏、油管破裂时，就会使空气渗入。另外，对燃料系零部件进行维修作业后也会存有空气，因此，在修复后必须先“放气”排除燃料系中的空气。

燃料系中的空气排除方法：通常拧松柴油滤清器上面的放气螺塞，反复按压、拉动输油泵上的手油泵，直到从放气螺孔中流出的燃油不含气泡为止，并在燃油溢流的过程中拧紧放气螺塞。用此方法可以排除管路中的空气和柴油滤清器中的空气。

排除喷油泵内空气的方法是拧松喷油泵上的放气螺钉，用同样方法排除喷油泵内的空气。

排除高压油管内空气的方法是拧松喷油器高压油管接口，用启动机带动发动机使喷油泵喷油，将高压油管内的空气排出，并在燃油溢流情况下拧紧接口。

3. 柴油发动机启动困难

冬季，柴油发动机必须使用标号符合规定的柴油，以保证柴油的低温流动性能，否则在低温情况下，柴油中的蜡质脱出堵塞管路和柴油滤清器，使发动机启动困难。另外，冬季启动柴油发动机前要预热，没有预热装置的发动机要进行人工预热。

（1）发动机不易启动且启动时排气管不冒烟。此时，首先要考虑到燃料系的“气阻”，排除喷油泵和管路中的空气。同时，在按压、拉动手油泵时，检查工作是否正常，否则要检修输油泵。

（2）发动机不易启动且启动时排气管冒白烟。此时，首先要考虑柴油中有水，即检查油箱和柴油滤清器中是否有水。排除有水的可能后，检查喷油泵的供油正时是否过迟或过早，检查喷油器雾化情况是否正常。

（3）发动机不易启动且启动时排气管冒黑烟。此时，首先要考虑空气进气量不足，空气滤清器是否有堵塞现象。排除以上现象后，再检查喷油正时，是否供油时间过早，汽缸中的压力、温度低，部分柴油燃烧不完全而形成炭粒，从排气管冒出。然后检查喷油器雾化是否正常，往往由于雾化不良，产生油滴，与空气不能很好地混合，造成燃烧不完全。

4. 发动机动力不足

发动机动力不足的现象是：转速不均匀或转速下降，在额定负荷下冒黑烟。造成动力不足的主要原因，首先要考虑燃料系的“气阻”。发生气阻，使供油量减少。检查输油泵滤网是否堵塞，限压回油阀是否失效（使供油量不足）。检查喷油泵喷油正时，供油时间是否过早或过迟。再检查喷油器的雾化是否正常。排除后，要检修喷油泵（往往是柱塞磨损使供油量小）。

在燃料系故障检查排除后，发动机运转仍不正常，就要检查汽缸压力是否过低，需要检修发动机。

三、蓄电池车故障诊断与排除

蓄电池车与其他企业内机动车辆结构基本相同，但在总体结构上还是存有差异，其底盘传动结构比较简单，特殊之处在于动力装置——行驶电动机和电气控制系统。企业内机动车辆常见故障在本章前面已经做了介绍，因此，这里重点对蓄电池车的电动机及电气控制系统的故障诊断进行简要分析。

蓄电池车电气控制系统故障诊断及排除方法见表4—2。

表4—2　蓄电池车电气控制系统故障诊断及排除方法

故障现象	故障原因	排除方法
旋合电锁后，电流表无反应，指示灯也不亮	电锁接触不良，导线脱落，熔断器烧坏；接触器控制线断	用万用表欧姆挡对可能发生故障的部位逐个进行检查，对查出的故障进行修理、更换、连接
踏下主令控制器踏板，接触器接合但行驶电动机不转，以至于全联接触器接通后，电动机仍不转	电动机损坏（绕组严重短路、断路）；电刷卡住或接触不良；控制线路不通；接触器接触不良；换向片间短路等	更换电动机，修理个别部位，若触头接触不良应清洁、修磨、更换研磨电刷、接线等
换向接触器不吸合	主晶闸管损坏；导线断路或短路；继电器接触不良或损坏；接触器触头接触不良	更换元件；修换继电器；检修触头；整修导线等
放松调速踏板后，车速不减	对于电阻式调速车多因接触器触头灼烧严重，动触头与静触头粘连等。对晶闸管调速车多因主晶闸管关不断所致	用细锉将触头锉光，注意不要多锉；不要改变原来形状，使接触面积达60%以上，并应处理光滑、清洁。检查触发线路；密勒积分线路、施密特触发器电路有无故障，检验断电器是否失灵
变速控制失灵	主令开关凸轮与微动开关错位；回位弹簧失效	调整凸轮与微动开关的位置；调整或更换弹簧；检查和排除踏板有无犯卡现象
加速或回复时跳闸	接触器触点接触不好；导线接触不良；补充充电回路断路，无供电回路	检查触点；整修导线；接通补充充电回路和供电回路

续表

故障现象	故障原因	排除方法
电动机运转速度慢	电阻调速电动机的绕组短路、断路；接地或电刷位置不对；电压不符；过载等。晶闸管调速电动机的副晶闸管损坏；调速踏板转轴凸轮位置不正	检修电动机，检查接地、电刷位置；更换副晶闸管；调整转轴凸轮位置；减载运行
乱挡（车速与操纵的不一致）	主令开关接触不良；直流接触器触头灼烧后接触不良，电阻片短路；控制回路失灵	整修主令各微动开关；整修接触器、电阻片和导线
油泵电动机不转	微动开关损坏；操纵手柄和开关位置不正；开关线断；接触器接触不良；电动机损坏等	调整操纵手柄和开关位置；处理各接头；整修接触器、开关和电动机
电刷跳火	电刷接触不良；换向器表面高低不平；云母片凸露；电枢绕组短路、接反；磁极绕组短路、断路或搭铁	检修各故障部位
电动机温度过高	超载运行；轴承及油封过紧或损坏；润滑不良；电枢与磁极摩擦；绕组短路、接地；电刷压力过大，电刷位置不正，整流不良；电动机紧固螺钉松动造成电动机轴与减速器主动齿轮轴轴线不一致	减速运行；检修各故障部位
电动机运转时有异响	轴承损坏；换向器表面不平，电刷振动	更换轴承；检修故障各部位

蓄电池叉车其动力装置由两部电动机组成，一部用于行驶，另一部用于驱动液压油泵。与蓄电池车比较，蓄电池叉车还具有工作装置，主要由起重机构、液压控制系统组成。工作装置是依靠液压油泵输送高压油，通过液压控制系统驱动油缸工作，完成叉车的起重装卸。

蓄电池叉车的液压系统及起重机构的故障诊断及排除方法见表4—3。

表4—3 蓄电池叉车的液压系统及起重机构的故障诊断及排除方法

故障部位	故障现象	排除原因	排除方法
油泵	液压系统压力不足	零件磨损太大	拆开油泵进行检查，修理或更换磨损零件
	泵中有敲击声或噪声	轴承损坏，齿轮刮泵体	拆泵检查，如轴承损坏须更换
	供油不足或断油	1. 油泵及油管路堵塞或管路变形、通道变小 2. 轴承损坏，齿轮刮泵体造成间隙过大，内漏严重 3. 轴承齿轮损坏，齿轮与泵体卡死	1. 清除堵塞污垢或更换管路 2. 更换轴承，严重时更换油泵 3. 更换轴承，严重时更换油泵
多路换向阀	压力不足，操纵多路换向阀手柄时，起升或倾斜无力或动作迟缓	1. 多路换向阀、安全阀（溢流阀）的压力调整得低 2. 安全阀弹簧损坏或产生永久变形 3. 阀的球形面损坏 4. 控制阀杆与孔的磨损严重	1. 用压力表检查液压系统的压力，若压力不稳定，调整安全阀，使液压系统内压力达12 MPa 2. 检查弹簧，必要时更换 3. 重新研磨阀及阀体锥面 4. 检查阀的内漏情况，内漏严重，则换新阀杆或整修
工作油缸	起升和倾斜均不工作	1. 差压阀小孔被污物堵塞 2. 油泵供油中断	1. 拆开安全阀清除污物，并保持油液清洁 2. 按油泵故障检查和排除
	油缸漏油	密封圈损坏或磨损	更换
	升降倾斜困难	柱塞与导环卡住或活塞弯曲	若卡住可修理或更换；若弯曲则校直或更换
	柱塞下降太快	节流阀不起作用	拆检节流阀，若损坏应更换

续表

故障部位	故障现象	排除原因	排除方法
液压系统	门架自发倾斜	1. 倾斜油缸的密封被破坏 2. 多路换向阀内漏严重	1. 更换 2. 修理或更换
	起重货物无力	1. 油泵失效 2. 升降缸密封损坏 3. 多路换向阀、安全阀失灵 4. 管路漏损	1. 见油泵故障 2. 更换密封件 3. 见多路换向阀故障 4. 检查管路，必要时更换；若接头松动可修理
	多路换向阀、操纵阀推不动或费力	1. 滑阀被卡住 2. 阀端的弹簧损坏或脱落	1. 见多路换向阀故障 2. 更换

四、ZL50 装载机故障诊断与排除

装载机与其他车辆在结构上有许多相同之处。比如：发动机结构、驱动轴结构、制动系、电气系统等均与其他车辆相似，因此，对上述部分的故障分析与排除不再叙述。现就装载机的传动系统、工作液压系统及转向系统的故障诊断进行简要分析。

1. 装载机的传动系统主要故障及诊断

（1）挡位变速压力低。主要原因是首先检查变速箱油面是否过低，滤油器是否堵塞；油泵是否失效。再检查变速操纵阀，看调压阀弹簧是否失效或调整不当，活塞被卡。

如果个别挡位变速压力低，则要检查该挡油路是否漏油，油路中密封圈是否损坏或该挡活塞密封环是否损坏。

（2）变速箱油面增高。主要原因是由于转向油泵油封损坏造成窜油；双联泵油封损坏引起的双联泵窜油。

（3）变矩器油温过高。如果是由于变矩器散热器堵塞引起的，则需要清洁或更换。如果是由于变速箱油面过低或过高或者变速压力低离合器打滑引起的，则需要检查变速压力低的故障。

（4）驱动力不足。在发动机正常工作动力性能良好的情况

下，要检查变矩器油温是否过高或者变矩器叶轮是否损坏，再检查离合器是否损坏。

2. 工作液压系统故障分析及诊断

铲斗翻转或动臂提升缓慢。主要原因是翻转或提升力不足或者是流量转换阀阀杆卡住，来油进入工作装置不通畅。

动臂提升力或铲斗翻转力不足，如果是油缸漏油，需要换油封；如果是管路漏油，则需要找出漏油处并排除。检查双联泵是否有内漏、吸油管或滤油器是否堵塞引起供油不足。再检查分配阀是否磨损配合间隙过大。安全阀调整不当，系统压力偏低。动臂举升后自行下沉，要考虑到动臂油缸是否有内漏。

3. 转向系统故障分析及诊断

（1）转向沉重。首先要检查转向液压系统流量是否正常。检查转向泵是否磨损而流量不足，转向溢流阀压力过低或转向阀严重内漏。转向阀滑阀卡阻，流量转向阀调速弹簧失效或折断，流量转向阀阀杆被卡。

（2）转向盘自由行程大。主要原因是万向节间隙大，转向臂轴间隙过大。

五、前置翻斗车的使用要求

前置翻斗车发动机采用小功率的柴油机，其车辆结构基本上与货运机动车辆大致相同。前置翻斗不同于装载机的结构，通常采用简单的机械锁止机构，因此，需要经常检查锁止机件是否灵敏、可靠，锁销、挂钩有无裂纹和变形。前置翻斗车的制动系统多是在两个驱动轮上装设制动器，因此，一定要注意检查制动性能是否良好，同时要注意车速和不要超载。

六、现代诊断技术在车辆维修中的应用

现代诊断技术是在车辆总成不解体的条件下，用测试仪器及检验设备来确定车辆的技术状况和故障的一种科学方法。用这种方法诊断故障可达到快速、准确，并减少车辆机件的损坏。因此，现代诊断技术日益被广泛应用。

现代诊断技术检测的重要内容包括：车辆的安全性（制动、侧滑、转向、前照灯等）、可靠性（异响、磨损、变形、裂纹等）、动力性（最高车速、加速能力、底盘输出功率、发动机功率、扭矩和点火系、供油系状况等）、经济性（燃料消耗）及噪声和废气排放等。

现代诊断仪器及设备主要有：发动机无负荷测功仪、发动机综合性能检测仪、点火正时灯、发动机异响测试仪、汽缸压力测试仪、废气分析仪、油耗测试仪、底盘测功机、制动试验台、侧滑试验台、灯光检验仪等。随着车辆诊断技术的发展，还有许多设备在研制或被应用。现代电子技术的广泛采用，使诊断操作更加快速、准确和自动化。

1. 发动机无负荷测功仪

该仪器是用于车辆使用过程中，检验发动机的功率，借此可判定发动机的综合技术状况，再确定是否继续使用或需要进行维修。它是一种简单快速测试发动机综合指标的设备。

检测原理：对于每一型号的发动机，其运动机件及附件的转动惯量是一定的，以它作为发动机空载加速的惯性负载，测量曲轴的旋转加速度。旋转加速越大，说明发动机功率值越高，发动机的技术状况越好。这种仪器测试操作方便，把传感器线并入点火系低压电路中，启动发动机，在发动机怠速稳定的情况下，急加速，使节气门全开，发动机转速升至最高点，仪器可自动测出曲轴的瞬时加速度或一定转速范围内的加速时间。

2. 发动机异响诊断仪

曲轴连杆机构和配气机构等配件在使用中会产生磨损，间隙会增大，发动机在运转时会出现各种异响，如不及时进行诊断和排除，将会使发动机工作状况恶化。而人耳听诊判断异响部位则难度较大，需要有丰富的实践经验。因此，利用仪器迅速、准确地判断异响就成了人们追求的目标。

目前异响诊断仪有声级计、声压频谱分析仪和振动加速度计等。声级计是噪声测量中常用的简便仪器，它可以单独使用（测量噪声级），也可以和相应的仪器配合，进行频谱分析和噪声测量。声压频谱分析仪，是一种特殊示波器，其工作原理是把零件的机械振动波转换为振荡波，然后把这种波分解为振幅一频率的函数，显示在示波器荧光屏上，构成频谱图。分析频谱图，就可以确定零件的技术状况。振动加速度计，主要测量零件工作时的振动幅度，以此来判定相互配合零件的技术状况。因为配合零件间隙磨损增大后，工作中将引起振动幅度增大，因此，振动加速度计上可反映零件机械振幅的大小，从而可以判断相互配合零件的技术状况。

3. 汽缸压力诊断仪

汽缸压力的检测一般用汽缸压力表，在火花塞孔上测试。而且一个汽缸一个汽缸地测试。测试速度慢，而且要拆除火花塞。利用启动机电压降仪诊断汽缸压力，可以达到在不拆除火花塞的情况下，快速完成全部汽缸压力的测试工作。其工作原理是：启动机产生的扭矩是启动电流的函数，而且与汽缸压缩压力成正比。所以，启动机电流变化和汽缸压力的变化间存在着相应的关系，测量与某缸压缩压力相对应的启动机电流值，就可以确定该缸压力的大小。启动电流值是通过测启动机电源至蓄电池地线间电压降得到的。

4. 底盘测功机

它是通过模拟车辆各种行驶工作情况，通过测定驱动轮的功率来检验车辆的动力性。其结构原理：一般将一个结构简单的电涡流测功器作为加载装置，装在滚筒传动机构的轴上。车辆的驱动轮带动滚筒转动时，电涡流测功器也将随之转动。在驱动轮某一转速时，对应该转速时的电涡流测功器的最大加载值，即为车辆的输出功率。底盘测功机上配合一定惯量的飞轮，可以测定车辆的加速性能和滑行性能。同时配以油耗计可测定各种工况下的油耗量。因此，用底盘测功机对车辆输出功率的测定，可以判断发动机及底盘技术状况的综合情况。

5. 制动试验台

车辆的制动性能一般采用制动距离、制动力和制动减速等参数进行评价，而制动距离又一直采用路试的方法来检验。这种方法往往是轮胎磨损严重，车辆机件损坏加剧，燃料消耗增加，而且安全性差，检验效率低。

制动试验设备有跑板式和滚筒式两种。滚筒制动试验台又分为反力式、惯性式和惯性反力式 3 种。反力式制动试验台用于低速时制动性能的检验，惯性式多用于高速时的制动性能检验。由于惯性反力式制动试验台测试迅速可靠，所以应用较为广泛。其工作原理如下：

试验台主要由驱动部分（电动机和两对滚筒）、减速器（用来控制滚筒速度）和测量机构等组成。测量时，电动机通过减速器驱动滚筒，然后滚筒带动车轮旋转。当车轮制动时，并把制动力传至滚筒轴端的主动车轮。此时，电动机仍处于驱动状态，所以，减速器的齿轮箱要绕滚筒轴端的主动齿轮转动一个角度，与齿轮箱相连的杠杆将这一力矩传至制动力表。为了把测出的制动力值准确方便地显示在远离试验台的仪表板上，还可以将制动力转换成电信号，再输送至指示仪表。

第五章

企业内机动车辆安全驾驶

第一节 安全驾驶综合分析

构成车辆运输安全的3个主要因素是人（驾驶员和行人）、车辆与道路环境，在这3个因素中，人是第一位的。

下面着重从驾驶员安全行车的心理特点进行论述，以便使广大驾驶人员更好地认识自身的职业特征，做到安全行车。

一、反应特性

驾驶员操纵车辆的情报处理系统，确切地说是一种人—机处理系统。据研究，驾驶员从交通环境中得到的情报信息80%以上是通过眼睛获得的。人在这个系统中对获得信息的处理分3个过程：即人用眼睛获得信息的过程，大脑根据信息进行判断的过程以及根据判断进行处置的过程。这3个过程哪一个出现失误都可能导致事故的发生。在这3个过程中，起关键作用的是驾驶员的反应。在直接影响车辆安全的所有心理品质中最重要的是驾驶员对道路情况变化的反应速度。

驾驶员用眼睛等感觉器官获得的信息情报，传入大脑，经过大脑处理后发出命令而产生动作，这一段时间为反应时间，也可以说，反应就是人体器官因外界刺激而发生的效应动作，整个过程所需的时间称为反应时间。确切地说，反应时间就是从刺激到反应之间的时距。

我们以常用的汽车紧急制动为例来说明这个问题。驾驶员遇到险情时，首先意识到需要紧急制动，然后在大脑的指挥下，脚从油门踏板移到制动踏板上。从产生需要制动意识到脚离开油门踏板，这段时间称为反应时间或称制动反应时间。驾驶员的制动反应时间通常包括：

（1）反射时间（从制动要求到开始动作的时间）。

（2）脚从油门踏板到制动踏板的时间。

（3）脚踏制动踏板到制动开始的时间。

驾驶员的反应时间值，会因各种因素影响而产生差异。一般来说，制动反应时间在室内模拟实验时为 0.6 s 左右，在室外实际车辆运行时，根据人员的状况不同和其他因素的影响，一般在 0.52 ~1.34 s。

二、视觉特性

在车辆行驶中，由于车辆相对于其他物体是运动的，首先驾驶员的视觉判断能力与车辆的速度有关。速度变化时，对于周围环境的判别能力也发生变化。驾驶员的视觉判断能力在行驶中与静止时完全不同。车辆高速行驶时，驾驶员因注视远方，因而视野变窄。而驾驶员的视觉与车辆速度有关的另一方面，是驾驶人员在驾驶中观察前方情况时，视线的焦点随着速度增加而距离变远。实验证明，速度为 20 km/h，眼睛至焦点距离为 67 m；40 km/h，为 200 m；60 km/h，为 335 m。速度越快，视线的焦点越向前移。掌握以上这些特点，对搞好安全行车是十分重要的。

1. 动视力

驾驶员在行驶中的视力称为动视力。动视力随车辆的行驶速度的变化而变化。

速度提高，动视力降低。一般来说，动视力要比静视力低 10% ~ 20%，特殊情况下比静视力低 30% ~ 40%。例如，以 60 km/h速度行驶的车辆，驾驶员可看清离车 240 m 处的标志；当速度提高到 80 km/h 时，连 160 m 处的标志都看不清楚。动视力还与驾驶员年龄有关，年龄越大，动视力与静视力之差越大。

2. 夜视力

视力与亮度有关，光线明亮的地方容易看见，光线昏暗的地方则不易看见。黄昏对于驾驶员来说，是视力最坏的时刻。因为黄昏时分，光线较暗，特别是打开前灯，与周围的光线相差不大，因此，驾驶员在这个时候不易发现周围的车辆和行人，极易造成判断失误。另外，夜视力与驾驶员的年龄有关，年龄越大，夜视力越差。

3. 视野

驾驶员在驾驶车辆时，注视前方，两眼能够看到的范围称视野。头部和眼球固定后所能看到的范围称为动视野，两眼的动视野左右可达160°。

上面讲的是人在静止时的视野。如果车辆在运动过程中，驾驶员是处于运动的状态，视野就会相对的变窄。驾驶员的视野与行车速度有着密切联系。例如，车辆行驶速度为40 km/h，注视点在车前180 m左右处，而视野范围可达90°～100°，当车速提高到60 km/h，视野将缩小到75°。

此外，驾驶员年龄越大，视野越小，视物能力也随之下降。所以驾驶车辆时，合理掌握车速，可以弥补视力不足。

三、车辆行驶中的知觉空间

驾驶人员在行车中具有的特性与静止时不同。相对于行车中的驾驶人员来说，周围的景物在不断“移动”，对象物越接近，移动越快，在一定距离内的对象物虽可确认，但一错过则无再看到的机会。对于道路、地形和其他运输工具的形状、大小、远近、方位等，以及包括行人的远近方位等都要随时准确掌握，以便正确处理行车中出现的情况。例如，在车中需要了解对面车辆的形状、大小；狭窄地段，两车能否相会通过；同方向行驶时，距前车的距离多远；超车时，控制跟车距离，掌握超越时机以及如何回正行驶序列等。要通过多种感觉分析器官的协同活动才能得到正确的结论。

根据对人的生理特性研究，形状知觉主要靠视觉、触觉、听觉运动参加活动，远近的知觉要靠视觉、听觉运动参加活动。如两车相隔距离要靠眼睛判断，后方来车鸣号要靠听觉判断距离远近。可见，驾驶员正确发挥和运用各种感觉器官的作用，对安全行车是很重要的。

除此之外，驾驶员的空间知觉是在长期的实践中逐渐形成和精确起来的。有经验的驾驶员能够比较接近地判断出两车行车的远近、方位和距离，经验缺乏的则经常会出现判断失误而导致事故发生。另外，天气条件也会影响知觉的正常作用，如风、雨、雪、雾、阴天等，这也要靠长期的驾驶实践来预测、判断和处理。

四、饮酒与驾驶

饮酒对驾驶机能的影响很大，车辆驾驶员酒后驾车极易发生交通事故。据有关资料统计，每年因饮酒驾驶所造成的事故占全部车辆事故4%以上，死亡事故占其中的10%。可见酒后驾驶车辆造成不良后果的严重性。

1. 酒精对人体的影响

酒精对人体有麻醉作用。如脑和其他神经组织内的酒精浓度增高，大脑中枢神经活动就会变得迟钝，而且可以蔓延到机体神经，这时人的判断能力发生障碍，手脚活动比较迟缓。在初期，因为中枢神经中毒，削弱了对运动神经的束缚能力，因而在人的生理上产生了轻松感，这时手脚的活动反而有些敏捷了，但思维能力和判断能力仍是迟钝的。

酒精浓度在人体内的分布情况与身体各组织内所含水分的多少有关。饮酒后，使大脑中枢神经兴奋，产生抑制作用，随着血液中酒精含量增高，中枢神经功能失调，活动逐渐迟钝，先使认知、反应、记忆、判断等能力发生障碍，而后四肢活动也变得迟缓。血液中酒精含量在0.10%~0.20%范围内最危险，所占事故比例超过50%以上。含量超过0.05%的也应注意，至于含量超过 0.25% 以上的已逐渐呈现痴呆状态，不可能再开车了。驾驶员饮酒肇事，一般在酒后 30 ~ 60 min 最容易发生事故，约占事故的 60%。

2. 酒精对不同人的影响

体内酒精浓度因每个人的饮酒习惯不同而有很大差别。酒量较大的人，饮酒后体内酒精浓度在 30 min 内达到顶点。而酒量中等程度的人，需要 60 ~ 90 min 达到顶点。酒量大的人，体内酒精浓度达到顶点的时间较短，消失的也快，体内留存酒精浓度低；酒量小的人，体内酒精浓度达到顶点的时间较长，消失的也慢，体内留存的酒精浓度较高。

此外，饮酒后体内的酒精浓度与体重有一定关系，如饮同量的酒，体重越重浓度就越低；反之就越高。

3. 体内酒精浓度对驾驶机能的影响

体内酒精浓度比较高时，对驾驶员影响很大。据测定，体内酒精浓度在 0.3‰时，驾驶机能就开始下降。浓度在 1‰时下降 15%，浓度在 1.5‰时下降 30%，同时使驾驶员的注意力受到一定的影响，注意力分散而偏向一方。有资料介绍，驾驶员血液中酒精浓度在 0.3‰ ~ 0.9‰时，注意力分散度增加到原来的 7 倍，当浓度为 1.0‰ ~ 1.4‰时，增加到 31 倍，而酒精浓度在 1.5‰以上时，注意力分散度可增加到 128 倍。

驾驶员酒后开车事故特征大致有以下几点：

（1）由于情况复杂，一般要危及他人，而且伤人事故多。

（2）思考判断失误，容易造成追尾和迎面撞车。

（3）神志不清，反应迟钝，无缘无故驶出道外，甚至平地翻车。

（4）精神恍惚，定向不准；撞向停驶的车辆和其他静止物。

（5）夜间行驶受灯光直射而目炫，视力不易及时恢复而发生碰撞，或因目炫而将车驶出路外。由于驾驶员饮酒后，酒精在体内的作用直接会影响驾驶机能，因此，车辆驾驶员禁止酒后开车或在行驶中饮酒。

五、驾驶疲劳

1. 什么是驾驶疲劳

驾驶疲劳是指驾驶员在长时间连续行车后，产生心理机能和生理机能的失调，出现视线模糊、腰酸背疼、反应迟钝、动作呆板、使驾驶机能下降的现象。

驾驶员作业的特点是长时间的精神高度集中，坐在一个固定位置上，动作受到一定的限制，在操作中忙于处理判断各种信息情况，精神格外紧张，因此，往往会出现驾驶疲劳。驾驶疲劳出现后，注意力容易分散，甚至打瞌睡，无法接收、处理外界信息，使驾驶动作失误或完全失去驾驶能力。

2. 产生疲劳的原因

（1）驾驶员生活上的原因。主要是睡眠不足或生活环境不良的影响。造成睡眠不足的原因很多，如由于种种原因连续工作过量，参加文体活动过度，家务劳动繁重，社会交往过多，以及生活波折等。另外，生活环境不宁静，不仅影响睡眠，而且直接干扰驾驶员正常生活，这是造成疲劳的重要因素。

（2）驾驶员生理和心理上的一些影响，主要是指身体条件（体力及其他）、经验条件（驾驶技术、熟练程度）、年龄条件（40 岁以上）、性别条件、有无疾病以及性格、气质等。

（3）驾驶员工作条件的影响，工作条件分为车外和车内两个方面。车外条件主要是指行车时间（白昼、傍晚、夜间）、天气条件（雨、雪、雾）、道路条件（转弯、坡度）、安全设施条件情况等。其中影响较大的是道路情况。车内条件主要指车内温度（一般应控制在 15 ~ 17℃）、噪声、仪表设计、驾驶座位、车辆性能等。这些情况不好，会增加驾驶员负担，产生驾驶疲劳。

（4）生物节律。生物节律又称生物钟。生物节律称为体力—情绪—智力节律。体力循环周期为 23 天，情绪循环周期为 28 天，智力循环周期为 33 天。当 3 种周期处于周期时限一半以上时，称为“高潮期”，处于周期时限一半以下时，称为“低潮期”。跨越两个周期的日子称为“临界期”。有关资料统计表明，机动车驾驶责任事故50% ~70%是在“临界期”中发生的。

机动车驾驶员要测量出自己的体力—情绪—智力节律，找出“临界期”，当遇体力和情绪双重“临界期”时，可适当休息一下，最好不要驾车；当遇上体力、情绪和智力三重“临界期”时，应强制自己休息。

3. 如何防止疲劳驾驶

防止疲劳驾驶的主要措施是保证驾驶员有充足、必要的睡眠时间。一般情况下，应保证驾驶员有8 h的睡眠，夜间睡眠效果比白天好。如以夜间睡眠8 h效果为100%，那么白天睡眠只有71%。此外，断续睡眠效果比相同总时间连续睡眠的效果差得多。一般驾驶员一天驾车以不超过8 h为宜。

如果在车辆作业中发现疲劳及困倦现象，应采取一些措施，一是停车，做做体操或一些轻微运动；二是采取通风、洗脸、喝一些清凉饮料等办法以利提神醒脑；三是在十分困倦的情况下，设法睡一会儿，等困倦过后再工作。

六、事故心理

1. 车辆事故的直接原因

作为车辆事故的直接原因，主要是驾驶人员观察、判断和操作方面所发生的错误。主要包括两个方面：一是思想麻痹大意，如车速过快，车与车之间没有保持安全距离等，这是驾驶人员行动方面的错误；二是驾驶人员的身体、生理、精神和情绪等状态，以及年龄、经验等内在原因。

2. 观察错误

在驾驶车辆时，驾驶人员观察的作用十分重要。据有关研究分析，由于观察错误所引起的车辆事故占事故总数的48.1%；其次是判断错误引起的占36%；因操作错误所引起的占7.9%；因打瞌睡所引起的占0.9%；其他原因的占7.1%。

3. 判断错误

在驾驶中的判断，是处理已观察到的信息和进行意志决定的过程。比如，驾驶人员在行车中要调整自己的车与前面车的车头间隔及速度，决定超车或会车等。但是，对于所出现的情况，驾驶人员所进行的判断往往与实际情况有出入，如驾驶人员判断的车头间隔往往比实际间隔小。

判断错误所引起的车辆事故，大多是因为驾驶人员自己主观危险感与实际危险有差距。在判断过程中，由于驾驶人员的认知能力、知识水平和经验等（这些可称为驾驶人员对事故的预测体系）的不足，致使自己的动机与欲望要求等不相符合，因而造成错误的判断。

4. 操作错误

主要是不能正确地踏制动踏板或加速踏板或者是对转向盘转动过度或不够。一般来说，操作错误引起的车辆事故比观察和判断错误所引起的事故要少得多。

第二节　企业内机动车辆的安全性能

一、车辆的制动性能

机动车的制动性能是指车辆在最短的时间或距离内强制停车的效能，包括制动时不能跑偏的能力。

制动性能是机动车辆的主要使用性能之一，它直接关系到行车的安全。只有当车辆具有良好的制动性能时，才能保证在安全的条件下，充分发挥车辆的动力性，提高车辆的平均速度，从而获得较高的运输效率。

二、车辆的稳定性能

1. 机动车的稳定性能

机动车的稳定性能是指车辆抵抗侧滑和倾覆的能力，分为横向稳定性和纵向稳定性。

（1）横向稳定性是指车辆行驶在有侧向斜度的路面或当车辆转弯时，抵抗侧向倾覆或溜滑的能力。当车辆行驶在横断面倾斜的道路上时，车辆的横向力力图使车辆侧滑或侧翻。车辆行驶在有很大横向倾角的道路上时，或因装载过高，或装载偏于一侧，都会使横向力增加。当某一侧车轮与地面之间的附着力过小时，就会造成横向翻车事故。当车辆转弯时，由于装载不合理或车速太快，在离心力的作用下，也会使车辆失去横向稳定性，造成翻车事故。

（2）纵向稳定性是指车辆抵抗纵向倾翻或滑移的能力。在一般情况下，汽车纵向翻车的事故较为罕见，但在下陡坡时使用紧急制动，也有可能使车辆失去纵向稳定。叉车、装载机等装卸机械，因超载、举升高度、装载位置等不正确，极易破坏纵向稳定性而发生事故。

2. 货物装载对安全行车的影响

车辆装载对车辆的稳定性影响很大，因车辆装载不当而发生事故的情况很多，因此车辆的装载应严格按有关规定执行，确保行车安全。

装载货物不合理对安全行车的影响有以下几种：

（1）装载超重。由于载重量增加，车辆惯性相应增大，随之制动距离加长。转弯时，由于离心力的增大，可能发生倾覆现象。载重量增加还易造成机械损坏，出现事故。

（2）装载超高。会使车辆的重心增高，因此，车辆行驶在横向或纵向坡道及转弯时，易发生翻车事故。与此同时，车辆的通过能力也受到很大限制，稍有不慎，就可能发生事故。

（3）装载偏斜。会使车辆的稳定性遭到严重的破坏，以致在行车中可能导致翻车事故。装载偏斜的车辆还会出现跑偏、侧滑等现象，甚至造成交通事故。

（4）装载超宽或超长。装载超宽在会车、超车以及通过狭窄路段时，都有可能发生挂撞车等事故。装载超长会使车辆的纵向稳定性遭到破坏。在车辆上下陡坡时，可能出现纵向倾覆事故。此外，超长装载的车辆在转弯时，车身扫过的空间也增大，容易与其他车辆、行人或建筑物等碰挂，极易发生事故。

（5）货物未固定或捆绑不牢。会因道路颠簸造成丢失及损坏，甚至砸伤行人、损坏道路设施。高大货物倒塌还会砸坏车厢或驾驶室，危及驾驶员的安全。

（6）装载危险品。在装载及运行中稍有不慎，都有可能发生后果惨重的事故。所以在运输前，驾驶员要了解所运危险品的性质及注意事项，与有关人员制定出安全措施消除事故隐患，防止事故发生。

三、车辆的通过性能

车辆的通过性能是指车辆在路面状况较差（如凹凸不平的道路、窄路、弯路及松软的土路）的情况下，克服各种行驶障碍的能力。

车辆的通过性能通常用一些几何参数来表示。如接近角、离去角、最小离地间隙、纵向通过半径和横向通过半径等。

（1）接近角是通过车辆前端最低点向前轮作一条切线与地面形成的夹角。接近角越小，在上坡或越过障碍物时，越容易使车辆的前部与地面碰触。

（2）离去角是通过车辆的后部最低点向后轮作切线，与地面形成的夹角。离去角越小，当车辆在下坡或越过障碍时，越容易使车辆的后部与地面发生碰擦。

（3）最小离地间隙是指车辆满载时，车辆最底部分（不计轮胎）和路面的最小距离。

四、车辆的转向性能

机动车转向性能的好坏，表明车辆安全顺利地通过狭窄弯道和躲避障碍物的能力。

车辆转向性能的主要评价指标有最小转弯半径、内轮差、后偏出距、车辆转弯宽度等。

1. 最小转弯半径

将转向盘向左（或右）转至极限位置行驶，其外侧前轮所走过的轨迹与转向中心的距离即为最小转弯半径。转弯半径的大小表明车辆安全地通过狭窄弯路及绕开障碍物的能力。转弯半径越小，车辆的机动性越好。

2. 内轮差

车辆转弯时，内侧前后轮轮迹半径之差叫做内轮差。内轮差的大小与转向车轮的转向角有关。转向角越大，内轮差越大。车轮转弯时，要充分考虑到该车的内轮差。如果只顾及前轮通过，而忽视了内轮差这一因素，就有可能造成后轮掉沟，撞及建筑物或碰撞其他车辆、行人。

3. 后偏出距

后偏出距是指车辆后部外侧在转弯时向外偏出的距离，车辆后悬挂越长，后偏出距越大，在车辆装载过长物体时更为明显，因此在临近转弯时，须注意后部是否会碰擦路旁的树木、建筑物或行人。

4. 车辆转弯宽度

车辆转弯宽度是指车辆的最小转弯半径减去后轮至转向中心的距离再加上外前轮与内后轮的伸突距。车辆在转弯时，无论是车轮轨迹宽度，还是车体所占的宽度都要比直线行驶时宽得多，应对这些做到心中有数，以保证行车安全。

以上介绍的车辆的使用性能，是车辆行驶中直接影响行车安全的重要因素，只有熟练掌握了车辆的使用性能，才能保障行车安全。

第三节　企业内机动车辆的安全行驶

企业内机动车辆在行驶过程中，驾驶员通过观察车内外情况来调整车辆的行驶状态，以实现由完成安全运输的人和驾驶装置组成的人—机控制系统的调节作用，这个作用主要依靠人的感知、思维和反应机能来实现。车辆事故主要是在人—机系统出现不协调或不平衡时发生的。在这当中，人的因素变化大而可靠性较差，因此驾驶员在交通环境中获得信息、做出反应、如何正确驾驶，对确保行车安全是十分重要的。

一、车辆驾驶操纵系统的使用

1. 转向盘

转向盘的正确握法是：两手分别握稳转向盘边缘左、右两侧，按钟表的刻度，则以左手在 9 ~ 10 时之间，右手在 3 ~ 4 时之间为宜。

在平直路线上行驶时，两手动作应平衡，相互配合，避免不必要的往复晃动。

转动转向盘时，应根据转动方向，以一手为主，一手为辅，适当地拉动或推送。急转弯时，拉动或推送转向盘应两手交叉轮流动作，以加速转弯动作。转动转向盘时要求动作持续协调，稳准连续，不应断续推送及双手同时用力或脱离转向盘。

车辆在凹凸不平的道路上行驶时，应握紧转向盘，以免转向盘受车辆颠动的作用力而回转。

2. 油门踏板

操纵油门踏板时，应将右脚跟靠在驾驶室底板上作为支点，脚掌轻踩在油门踏板上，用脚关节的屈伸动作踩下或放松。踩、放油门踏板时，用力要柔和，不宜过猛，要做到“轻踩、缓抬”，不可无故忽踏、忽放或连续动作。

车辆运行时，右脚除必须使用制动踏板之外，其他时间都要轻放在油门踏板上。即使是完全放松踏板滑行时，也应保持这种姿势。

3. 离合器踏板

使用离合器时，两手应握稳转向盘，将左脚掌踏在离合器踏板上，以膝和脚关节的屈伸动作踩下或放松。

踏下离合器踏板时，应迅速并一次踩到底，使离合器分离。车辆起步放松踏板接合离合器时，在离合器尚未接合时的行程可稍快，离合器开始接合而进入“半联动”状态时应缓慢，已完全接合后应迅速将脚从踏板上移开，放在踏板的左下方。车辆起步逐级换挡时，使用离合器的动作可快些，但不应猛放。

平时无故不得将脚放在离合器踏板上。

4. 变速杆

挂挡或换挡时，应一手握稳转向盘，放松油门踏板，踩下离合器踏板；另一手的掌心微贴变速杆球头的顶端，手指轻握杆球，以手腕用适当的力量，准确地推入或拉入选定的挡位，同时两眼应注视前方，不得分散观察的注意力。

每次变换挡位时，都必须经过空挡位置。变换挡位通常应逐级进行，不应越级换挡。挂入倒挡必须在车辆完全停止后进行，以免损坏变速器齿轮。

换挡时，不得强推硬拉而使变速器齿轮发生撞击响声。如起步挂不进挡，可放松一下离合器踏板，然后踩下，再进行挂挡，或将变速杆先拉入其他挡位，随即摘下，再挂入选定的挡位。

5. 制动踏板

使用制动踏板时，应两手握稳转向盘，先放松油门踏板，然后用右脚掌踩在制动踏板上，以膝和脚关节的屈伸动作踩下或放松。

踩下制动踏板的行程和速度，应根据不同的制动装置以及要求的制动效果，分别采用完全踩下、先轻踩下再逐渐重压或随踩随放等方式，以达到减速或停车的目的。除有紧急情况需进行紧急制动外，一般的制动必须缓慢轻踩。放松制动踏板时应迅速敏捷。

二、车辆的安全起步

汽车从静止状态经动力传递到汽车行驶的过程称为起步。车辆起步应做到安全、平稳、敏捷，其操作方法及注意事项如下：

上车前，先检查一下车前、车后、车下是否有人和障碍物，货物是否装好。在此基础上，启动发动机，听察发动机运转情况，检查各仪表的指示状况。发动机运转正常，水温正常，气制动气压达到起步气压标准，车旁、车下无人及障碍物，货物装好，乘客坐好，车门关好，方可起步。

起步时，应完全踏下离合器，先挂挡，后松手制动器，并通过后视镜看后方有无来车等情况，再缓抬离合器，适当加油，徐徐起步。夜间，浓雾天气及视线不清时，须打开近光灯、示宽灯和尾灯。

空车在平坦坚实的道路上一般用二挡起步，重车或拖带挂车用一挡起步。起步阻力很大时，只准用一挡起步。起步时，松离合器与踏加速踏板的动作要配合适当，以避免有冲撞、跳动、熄火以及车轮滑转等情况发生，不得用大轰油门、猛抬离合器的办法起步，以免损坏机件。

必须在上坡道起步时，应做到离合器、油门、手制动三者配合协调，不使车辆倒退、熄火，达到平稳起步上坡。不得在不使用手制动器的情况下，而用右脚兼踏加速踏板和制动器踏板的方法在坡上起步。

汽车在下坡路上起步，应慢松离合器，少量加油，同时注意放松手制动。在冰雪泥泞道路上起步，如驱动轮打滑空转，切忌盲目猛轰油门起步，应采取铺撒沙土，或清除轮下的冰雪、泥浆，再铺垫麻袋等方法。

车辆由路边起步时，要打开向左转向灯，以引起后方来车的注意。同时，从后视镜注意后方来车动态，车辆驶入正式车道后，车辆调直即关闭左转向灯。

三、车辆的停放

（1）停车应在道路右侧或指定的地方。停车前应减速或利用脱挡滑行，并以方向标灯或手势示意后方来车及附近的人员注意，缓慢地向道路右侧或停车地点停靠，轻踏制动踏板，使车辆停止。

（2）机动车停放时，应关闭电门，切断电源，拉紧手制动，锁好车门。

（3）在有规定不准停车的地点，严禁停车。在车辆流量大、人员密集、道路狭窄、视距不良、坡度大等不安全路段，应避免停车。

（4）在机动车道上停车时，要靠右侧停正，车轮距人行道边缘不得超过 30 cm，顺序停车距离应保持 2 m 以上，不能并排停放。

（5）车辆停稳前，不准开门和上下人。开门时不准妨碍其他车辆和行人通行。

（6）在停车场内停放时，要停放整齐，保持车辆有能够驶出的间隔和距离。

（7）夜间在道路旁停车，要打开示宽灯和尾灯，防止碰撞。

（8）必须在坡道上停车时，要选择安全位置，停好后要在拉紧手制动器的同时挂上一挡或倒挡，并用三角垫木或石块塞住车轮，防止滑溜。

四、倒车

车辆从静止状态，经动力传递到车辆向后行驶的过程称为倒车。倒车时原后轮改为先导，前轮变为后轮，控制转向的位置起了变化，所以倒车时转向操作，视线受到限制，感觉能力削弱，车辆与倒行方向及位置较难掌握，加之转向的特殊性，没有前进时方便、灵活、准确。

1. 倒车的驾驶姿势

根据车辆的轮廓和装载高度、宽度及周围环境，在倒车时观察车下、车后情况，采取下列两种方法：

（1）注视后窗倒车。转向盘在左侧的，左手握转向盘上端，上身向右斜扭，右臂依托压靠背上端，头向后，两眼注意后方目标。

（2）注视侧方倒车。转向盘在左侧的，右手扶握转向盘上端，左手扶在半打开的车门框上，上身斜伸出驾驶室并向后扭，头向后，两眼注视后方目标。

2. 倒车操作法

倒车时，应先看清周围道路环境情况，选定进退目标，必要时下车察看，并注意前后有无来车及行人。倒车时要发出倒车信号，使其他行人或车辆有所注意，然后在停稳的车位将变速杆挂入倒挡，按照起步同样的操作方法向后倒。倒车时车速应平稳。

（1）直线倒车。应使前轮保持正直方向倒退，转向盘的运用与前进时一样，如车向左（向右）偏斜，应将转向盘向右（或左）稍稍回转，待车尾摆直后将转向盘回正。

（2）转向倒车。改变汽车方向的倒车，应掌握“慢行车、快转向”的操作方法。随时注意车前、车后的情况，转弯时前外侧车轮轮迹弯曲度大于后轮，此时车速不得超过 5 km/h。

倒车时，因地形限制或转向盘转向角的限制，需反复前进、后倒时，应在每次后倒或前进接近停车前瞬间，迅速地朝着应定的方向回转转向盘，为下一次前进或后倒做好充分准备。切忌车停后强力回转转向盘，以免转向机构受损。

按有关规定，铁路道口、交叉路口、单行路、弯路、窄路、桥梁、陡坡和繁华地段等不准倒车。必要时应有人指挥。

五、调头

车辆行驶方向作 180°改变，称为车辆调头。

1. 调头地点的选择

汽车调头时，必须按照有关规定，在指定地点或在确保安全的前提下，选择宜于调头的地点，铁路道口、人行横道、弯路、窄路、桥梁、陡坡或容易发生危险的地段不准调头。

2. 调头时的操作（顺车与倒车相结合调头）

驶入预定调头地点时，应降低车速，挂低挡位，将车驶近右侧路边，迅速将转向盘向左转足，使车缓缓地驶向道路的左边，待前轮将要接近左侧路边时，踏下离合器踏板，并轻踏制动踏板。乘车辆尚未停止之际，利用余速迅速将转向盘向右转足，使前轮转移到后退所需的方向，及时将车制停。

后退时，应先观察清楚车后情况，然后起步慢行。待车倒退至后轮将要接近右侧路边时，踏下离合器踏板，并轻踏制动踏板，乘尚未停车之际，迅速将转向盘向左回转，使前轮转移到前进所需的方向。

如遇特殊情况，必须在倾斜路段或狭窄地带进行调头，则必须在前进或后倒停车时，除使用脚制动外，还应拉紧手制动杆，等车停稳后，再挂挡前进或倒退。

六、转弯

车辆在弯道上行驶，由于弯道视线不良必须减速，保持车辆稳定，防止转弯时离心力过大而使车辆失稳、失控，发生侧滑。要鸣喇叭、靠右行，提前告诉弯道对方的车辆和行人，引起注意和及时避让，以免交会时发生碰撞。

在视线良好、前方又无来车和其他情况的平路上左转弯时，可适当偏左侧行驶。利用拱形路面的内侧，起到增大超高而降低离心力的作用。

右转弯时，待驶入弯道后，再将车完全驶向右边，不宜过早靠右，否则会使后轮偏出路外或导致车辆被迫驶向路面中央，而影响会车。

转弯时，要根据路面的宽窄、弯度的大小等交通情况确定合适的转向时机及转弯的车速。运用转向盘要与车速配合，如车速快，转动转向盘也要快，否则易由于车速快、转向慢而发生事故。应尽量避免在转弯过程中急剧制动和变速换挡。

转弯减速时，在道路及弯道情况允许的条件下，可先脱挡滑行减速，待开始转弯时，再挂挡继续前进。

七、安全会车和让车

在同一道路内，上下行的两车相对而行，至车头交会时，两车车身、车尾相错的行驶过程称为会车。

会车时，在与来车交会前，应看清来车装载情况，有无拖带挂车，前方道路及周围环境，适当降低车速，选择较宽阔、坚实的路段，靠路右侧缓行交会通过。会车时要注意保持足够的安全横向间距，做到“礼让三先”，即先让、先慢、先停，并注意非机动车和来往行人。要尽量避免在急弯、狭窄地段等处交会车辆，即使在较宽的路面，也应慢车交会。在视线不良的情况下会车，要降低车速、鸣喇叭，并加大两车间的横向间距，必要时应停车避让。在狭窄的坡路，下坡车让上坡车先行；下坡车已行至中途而上坡车尚未上坡时，上坡车应让下坡车先行。当对面来车而自己前方右侧有障碍物时，需根据各车离障碍物的距离及道路情况，决定是加速越过障碍物还是减速等待，以错开越过障碍物的时间，尽量避免在障碍物处会车。在较窄的路面或路两边均有障碍时，应提前选择会车路段或停车路段，单车通过。夜间在没有照明的路面上会车，需距对方来车 150 m 处互闭远光灯，改用近光灯。车辆应采用防炫目灯，并要注意观察右前方情况，降低车速。灯光炫目时，要停车交会。

让车时应做到以下几点：

（1）在让车过程中，若遇有障碍物，应减速直到停车，不可突然向左行驶，防止与超越车辆相撞。

（2）在行驶中，应注意有无车辆尾随，发现有车超越时，在条件许可的情况下，必须靠右让路，并开右转向灯。不准故意不让，不得加速行驶。在对面无来车、无弯道、视线良好时，用左手示意来车超车。

（3）让车后，确认无其他车辆连续超车时，再驶入正常行驶路线。

（4）在让车过程中，不要给非机动车造成行驶的困难，要注意照顾非机动车的行驶安全。

八、超车

在同一车道内，后车从同方向行驶的前车左侧打转向盘借道后，加速至超过前车车尾、车身、车头的过程称为超车。

超车时应选择道路宽直、视线良好、左右两侧均无障碍物、前方150 m以内没有来车的路段进行。超车时，须开左转向灯，向前车左侧靠近，并鸣喇叭（夜间须用变换远近光灯示意）通知前车，确认前车让超后，与被超车保持一定的横向间距，从左边超越。在同被超车保持必要的安全距离后，开右转向灯，驶回原车道。在超车过程中，如发现道路左侧有障碍物或横向间距过小而有挤擦可能时，要慎用紧急制动，以防发生侧滑和碰撞，不要左右转动转向盘，应在最短的时间内，适当拉开距离，然后再伺机超越。在超越停止的车辆时，应减速、鸣喇叭，注意观察，留有较大的横向间距，随时做好紧急制动的准备，以防止该车突然开启车门或有人从车上跳下，从车下钻出；防止该车突然起步驶入车道而发生碰撞。

在下列地点或情况下不准超车：被超车左转弯、调头时；在超车过程中与对面来车有会车可能时；不准超正在超车的车辆；行经交叉路口、人行横道、库房内、铁路道口、急弯路、窄路、调头、转弯、下陡坡；遇风、雨雪、雾天能见度在30 m以内时；在冰雪、泥泞的道路上行驶时，喇叭、刮水器发生故障时；牵引发生故障的机动车；进出厂区、库房和非机动车道时。

九、通过铁路道口的安全行驶

通过铁路道口时，应提前减速，时速不得超过15 km/h，并应服从铁路道口管理人员的指挥。

通过有人看守道口时，要做到“一慢、二看、三通过”，遇道口栏杆放下或发出停车信号时，须靠道路右侧依次停在停车线以外，无停车线的，应停在距外股铁轨5 m以外，严禁抢道通过。

通过无人看守道口时，如驾驶员在道口15 m处能看到两侧各200 m以外的火车，应做到“一慢、二看、三通过”，如达不到此要求，必须做到“一停、二看、三通过”，不得贸然通过，更不准与火车抢行。

机车、车辆占用一部分无人看守道口时，机动车不得通过。

通勤的客车与载人的货车应按指定的路线行驶，不得任意改线，并尽量避免通过无人看守道口。如必须通过，在通行前应派人做好监护。

机动车发生故障被迫停在无人看守道口时，乘车人员应立即下车到安全地点。驾驶员应采取紧急措施设置防护信号，并使车辆尽快让开道口。

在一定时间内，机动车频繁通过无人看守道口时，应由用车单位派人看守。

机动车不得在平行铁路装卸线钢轨外侧2 m以内行驶。

十、企业内机动车辆行驶速度

“十次事故九次快”，这是用鲜血换来的教训。因此，自觉遵守操作规程，遵守国家法令和企业的规章制度，坚持中速行车，是企业内机动车驾驶员必须遵守的。行车速度越高，越容易破坏车辆的操纵性和稳定性。车辆转弯时会产生离心力，车速越快离心力越大，一般离心力按车速平方关系成正比例增加。同时，车辆在转弯时常出现横向力，在一定的条件下横向力使车辆发生侧滑，可能造成翻车事故。

车辆在高速行驶的条件下使制动距离延长，扩大了制动非安全区。

车速过快给人、车辆都会带来不利影响。为了开好安全车，除了要熟练地掌握驾驶技术、熟悉车辆性能和掌握行车规律外，一定要严格遵守车辆在企业内的限速规定。

十一、交叉路口和盲区的安全行驶

平交路口既是“意志决定点”，也是可能发生冲突的冲突点。车辆运行至平交路口有可能与同一交通流、横向交通流和对向交通流中的车辆以及在人行横道上的行人发生冲突。一般来说，平交路口的基本冲突可分为交叉、合流与分流3种形式。

在平交路口，交通流的交叉点、合流点和分流点的数目随着交叉路口的支数增加而急剧增多。

视线盲区是指驾驶员行驶中视线受到影响，观察不到的视线死角区域。

在企业内行驶时，交叉路口很多。为防止视距不良发生事故，行至交叉路口时，必须注意观察，并把车速降到视距三角形（即横向和纵向行驶的车辆相互看见时，两车的位置与两车相交的位置所构成的三角形）的安全速度以下。通常应提前50～100 m将车速降至10 km/h以下，在路面窄的交叉路口行驶，由于视线盲区较大，视距短，车速还应降低。

在道路两侧有厂房、货垛、树木或其他设施等物体，影响甚至挡住驾驶员横向视距，行车时应注意以下几点：

（1）在不影响来车行驶的情况下，车辆应尽量在道路中间位置行驶，以便处理情况。

（2）鸣喇叭时间可长一些，以提醒横向来的车辆或行人引起注意。

（3）降低车速，使车速保持在一旦发现情况就能安全停车的范围内。

（4）对经常行驶的路线，驾驶员要注意观察并熟记沿线的路口、叉道和行人经常出入的地点，做到胸中有数，预先做好准备。

十二、冰雪路面的安全行驶

冰雪地段对行车安全的影响主要有3个方面：一是制动距离及制动特性，二是驾驶员的视线，三是路面上其他交通参与者的行为。

当车辆在冰冻积雪道路上行驶时，其主要特点是制动距离加长。根据汽车工程学理论，在一定车速情况下，车辆的制动距离和轮胎与路面的附着系数成反比。在冰雪路面上，轮胎与路面的附着系数十分小，比如对于冰路只有 0.1，对于雪路只有 0.2。因此，在这种路面上车辆的制动距离要比非冰冻积雪路面上的制动距离大得多。例如，车辆以 40 km/h 速度行驶时，在干沥青路面上的制动距离为 10.5 m，在干水泥路面上制动距离是 9.0 m，而在冰路上制动距离是 62.98 m，在雪路上制动距离为 31.49 m。特别值得注意的是，在带雨水的积雪或冰冻路面上行车是最危险的，这种路面附着系数更小，制动距离更大。

1. 滑溜的种类

在积雪或冰冻路面上行车最大危险是滑溜，滑溜有以下 4 种：

（1）后轮滑溜。这时后轮被刹住，车辆发生滑动，这种滑溜最为常见。

（2）前轮滑溜。这时前轮被刹住，由于车辆失去方向控制而发生滑溜。

（3）动力滑溜。由于加速过猛所引起，在冰冻或泥泞路面上驾驶员加大油门快速行驶时常发生这类溜滑。

（4）横向滑溜。在转弯时如车速过快，最容易引起车辆横滑、甩尾甚至导致倾翻。

2. 防止滑溜的办法

（1）降低车速，特别是进入弯道或下坡前一定要降低车速，但在降低车速时不要制动过急。

（2）在下坡时，最好用传动轴减速即采用手制动。因为这时牵阻力（制动力）对两驱动轮是相等的，不易产生侧滑。

（3）起步时加速要适度，由于冰冻积雪路面的附着力很低，起步时，驱动轮容易打滑空转。为此，在起步时加油要适量，使发动机在不致熄火的条件下输出较小的动力，以减低驱动轮的扭力适应较小的附着力，实现正常起步。

（4）保持均匀的行车速度，在冰冻积雪的路面上，一般应保持均匀的行车速度。即使在需要提高车速时也要慢慢地踏下油门，不要加速过猛，以防两驱动轮因突然增加转速而打滑。

（5）车辆在行驶中要尽量保持平衡。

（6）在冰冻积雪道路上行驶时，要尽量避免行驶方向、行驶速度和传动比突然变化，否则容易引起滑溜。

（7）如有条件，轮胎应加装防滑装置。

除此之外，在冰雪路面上行驶时还要注意其他车辆和行人，尽量与其他车辆和行人保持适当的安全距离。

十三、企业内机动车安全行驶的一般规定

（1）机动车在保证安全的情况下，在无限速标志的企业内主干道行驶时，不得超过 30 km/h，其他道路不得超过 20 km/h，如需超过规定速度，须经企业主管部门批准。

（2）机动车行驶在下列地点、路段，或遇到特殊情况应限速行驶，见表 5—1。

表 5—1　　最高行驶速度　　km/h

限速地点、路段及情况	最高行驶速度
有人看守的道口、交叉路口、装卸作业区、人行稠密地段、下坡道、设有警告标志处或转弯、调头时，货运汽车载运易燃、易爆等危险货物	15
结冰、积雪、积水的道路、无人看守道口。恶劣天气能见度在 30 m 以内时	10
进出厂房、仓库大门、停车场、加油站、上下地中衡、危险地段，生产现场倒车或拖带损坏车辆时	5

恶劣天气能见度在 5 m 以内，或道路最大纵坡在 6% 以上、能见度在 10 m 以内时，应停止行驶。

（3）执行任务的消防车、工程抢险车、救护车在保证安全的情况下，不受车速的限制。

（4）机动车行驶铁路平交道口时的规定详见本节“九、通过铁路道口的安全行驶”。

（5）同向行驶的机动车，前、后车之间应根据车辆行驶速度、路面和气候情况，保持随时可以制动的停车距离。

（6）停车应停在指定地点或道路有效路面以外不妨碍交通的地点，不得逆向停车。驾驶员离车时，应拉紧手制动，切断电源，锁好车门。

（7）下列地点不得停放车辆：

1）距通勤车站、加油站、消防车库门口和消防栓 20 m 以内的地段。

2）距交叉路口、平交道口、转弯处、隧道、桥梁、危险地段、地中衡和厂房、仓库、职工医院大门口 15 m 以内的地段。

3）纵坡大于 5% 的路段。

4）道路一侧有障碍物时，对面一侧与障碍物长度相等的地段两端各 20 m 以内。

（8）机动车倒车时，驾驶员须先查明周围情况，确认安全后，方准倒车。在货场、厂房、仓库、窄路等处倒车时，应有人站在车后驾驶员驾驶的一侧指挥。

（9）机动车在平交道口、桥梁、隧道和危险地段不准倒车或调头。

（10）机动车在冰雪、泥泞道路上行驶时，应遵守下列规定：

1）在冰雪路上行驶时，轮胎上应装有防滑链。

2）缓慢行驶，避免紧急制动。

3）同向行驶车辆，两车之间的距离应保持在 50 m 以上。

第六章

企业内常用机动车辆安全驾驶操作规程

由于各企业的作业特点不同，道路情况和装运货物的种类和数量不同，因此，同类的车辆在不同的企业内，安全操作的注意事项也不尽相同。本章所介绍的安全驾驶操作规程是在各种情况下有普遍性的、通用的安全注意事项，各企业还应根据各自不同作业特点，制定适合本单位特点的安全操作规程。

第一节　货运汽车、拖拉机安全驾驶操作规程

一、货运汽车安全驾驶操作规程

（1）发动机未熄火前，汽车不得添加燃油。

（2）严禁用汽油擦洗车辆，清洗零件和烘烤车辆等。

（3）严禁用明火作照明检查油箱的油量。

（4）严禁采取不经过汽油泵和滤清器而直接使用各种容器或其他自流方式向发动机上的化油器内加注汽油。

（5）严禁将各种盛装汽油的容器放在驾驶室内。

（6）在有汽油的地方，禁止吸烟，严禁火种。

（7）化油器回火时，应立即停车检查。

（8）严禁使用高压线“吊火”的做法。

（9）汽车电线着火时，应立即关闭电门，迅速拆除蓄电池连线。

（10）调整发电机传动带时，须关闭发动机。

（11）避免用手直接接触容易转动和位移部位。

（12）拆卸机件时不得使用不合适的工具。

（13）维护修理时，车辆应选择平坦地点停放，拉紧手制动，变速杆放入空挡，而且前后车轮应用三角木塞住，以防车辆溜动发生事故。

二、拖拉机安全驾驶操作规程

（1）严禁拖拉机牵引挂车超车、超高和高速行驶，以免发生翻车事故。转弯时须低速行驶。

（2）下坡道之前，应根据拖载情况和坡度的大小，选择适当挡位，在陡坡行驶的中途，不要换挡。在下陡坡时，应挂低挡，缓慢行驶，严禁空挡滑行，以免发生事故。下坡时不要猛踩制动器，以免发生拖拉机倾翻的重大事故。

（3）牵引挂车行驶前，应把左右制动踏板连在一起，并检查制动器是否可靠，左右制动是否同步。

（4）挂车中不得乘人。

（5）拖拉机挡泥板的牵引杆不得乘坐人员，以免行驶中掉下发生事故。

（6）牵引车后部与挂车前部，必须安装防护网、保护链及有效的制动器，以免脱节出事故。

（7）挂接挂车时，须用低速小油门倒车，并随时做好停车准备。插牵引销时，必须在拖拉机停止时进行，以免伤人。

（8）牵引平板车行驶时，不准在平板车上坐人，以免掉下发生事故。

（9）行驶中应尽量保持匀速。起步、停车要稳，以免拖拉机和挂车产生撞击。

第二节 蓄电池车安全驾驶操作规程

一、检查车辆

（1）作业前，检查启动、运转及制动性能，检查压力、温度以及密封件的外泄漏的情况。

（2）检查行驶电动机及油泵电动机的主回路的电路，是否有绝缘不良、短路现象。

（3）检查各接触器的接触工作情况，应平整、严密。

（4）检查蓄电池内电解液充入情况，相对密度和电压是否合乎规定要求，各电极接头应紧固和清洁。

（5）检查各电线接头及熔断器，应紧固、接触良好。

（6）检查照明系统，应显示良好。

二、起步

（1）起步前，观察四周，确认无妨碍行车安全的障碍后，先鸣笛，后起步。

（2）车辆起步后应由慢渐快地平稳加速。

三、行驶

（1）应在规定的安全通道内行驶。

（2）低速行驶一般不宜超过 10 s。

（3）全速满载行驶不应超过 1 h。

（4）车辆不得接近火源；禁止在距机床、管道、熔炉、加热炉以及电气设备 0.5 m 以内的地方行驶。

（5）普通型电瓶车不得在易燃易爆的场所行驶。

（6）在坡道上行驶，上坡坡度不得超过 3%，下坡坡度不得超过 8%。

（7）不得在雨中行驶。

（8）电瓶叉车除应遵守以上要求外，行驶时，还应遵守叉车安全操作的有关要求。

四、装载

（1）普通型电瓶车严禁装载易燃易爆物品。

（2）严禁顶推其他车辆。

（3）严禁电瓶叉车的行驶电动机和油泵电动机同时使用。

第三节　叉车安全驾驶操作规程

叉车是一种起升车辆，它除具有行驶的功能以外，还可以把货物提升到一定的高度，以完成作业任务。叉车的种类很多，有平衡重式叉车、插腿式叉车、前移式叉车、侧式叉车、跨车等。叉车的驱动方式有内燃机驱动和电瓶—电动机驱动。当它把货叉换成各种属具后，可完成多种作业，是机械化装卸、短距离运输及堆垛的高效设备。这些叉车在实际使用中使用最多、最普遍的是平衡重式叉车。因此，本节着重介绍平衡重式叉车的安全操作规程。

一、检查车辆

（1）叉车作业前，应检查外观，加注燃料、润滑油和冷却水。

（2）检查启动、运转及制动性能。

（3）检查灯光、音响信号是否齐全有效。

（4）叉车运行过程中应检查压力、温度是否正常。

（5）叉车运行后应检查外漏泄情况并及时更换密封件。

（6）电瓶叉车除应检查以上内容外，还应按电瓶车的有关检查内容，对电瓶叉车的电路进行检查。

二、起步

（1）起步前，观察四周，确认无妨碍行车安全的障碍后，先鸣笛，后起步。

（2）气压制动的车辆，制动气压表读数须达到规定值方可起步。

（3）叉车在载物起步时，驾驶员应先确认所载货物平稳可靠。

（4）起步时须缓慢平稳起步。

三、行驶

（1）行驶时，货叉底端距地高度应保持 300 ~ 400 mm，门架须后倾。

（2）行驶时不得将货叉升得太高。进出作业现场或行驶途中，要注意上空有无障碍物刮碰。载物行驶时，如货叉升得太高，还会增加叉车总体重心高度，影响叉车的稳定性。

（3）卸货后应先降落货叉至正常的行驶位置后再行驶。

（4）转弯时，如附近有行人或车辆，应发出信号，并禁止高速急转弯。高速急转弯会导致车辆失去横向稳定而倾翻。

（5）内燃叉车在下坡时严禁熄火滑行。

（6）非特殊情况，禁止载物行驶中急刹车。

（7）载物行驶在坡度超过 7°和用高于一挡的速度上下坡时，非特殊情况不得使用制动器。

（8）叉车在运行时要遵守企业内交通规则，必须与前面的车辆保持一定的安全距离。

（9）叉车行驶时，载荷必须处在不妨碍行驶的最低位置，门架要适当后倾。除堆垛或装车时，不得升高载荷。在搬运庞大物件时，物件挡住驾驶员的视线，此时应倒开叉车。

（10）叉车由后轮控制转向，所以必须时刻注意车后的摆幅，避免初学者驾驶时经常出现的转弯过急的现象。

（11）禁止在坡道上转弯，也不应横跨坡道行驶。

四、装卸

（1）叉载物品时，应按需调整两货叉间距，使两叉负荷均衡，不得偏斜，物品的一面应贴靠挡货架；叉载的重量应符合载荷中心曲线标志牌的规定。

（2）载物高度不得遮挡驾驶员的视线。

(3) 在进行物品的装卸过程中，必须用制动器制动叉车。

(4) 货叉在接近或撤离物品时，车速应缓慢平稳，注意车轮不要碾压物品垫木，以免碾压物崩起伤人。

(5) 货叉叉货时，货叉应尽可能深地叉入载荷下面，还要注意货叉尖不能碰到其他货物或物件。应采用最小的门架后倾来稳定载荷，以免载荷向后滑动。放下载荷时可使门架少量前倾，以便于安放载荷和抽出货叉。

(6) 禁止高速叉取货物和用叉头向坚硬物体碰撞。

(7) 叉车作业时禁止人员站在货叉上。

(8) 叉车叉物作业时，禁止人员站在货叉周围，以免货物倒塌伤人。

(9) 禁止用货叉举升人员从事高处作业，以免发生高处坠落事故。

(10) 不准用制动惯性溜放物品。

(11) 不准在码头岸边直接叉装船上货物。

(12) 禁止使用单叉作业。

(13) 禁止超载作业。

第四节　前置翻斗车安全驾驶操作规程

前置翻斗车广泛应用于建筑工地，主要用于运送灰沙物料，它具有体积小、造价低、轻便灵活等特点。

一、检查车辆

(1) 检查燃油、冷却水、润滑油情况。

(2) 检查启动、运转及制动性能是否处于完好状态。

(3) 车辆行驶时应随时观察压力及温度是否正常。

二、起步

(1) 起步前观察四周，先鸣笛，后起步。

(2) 在坡道上或路面不良时，一律一挡起步。

三、挂挡、换挡

严禁强行挂挡或换挡。

四、行驶

（1）下坡时，不准高速行驶。严禁脱挡高速滑行，尽量避免急刹车。

（2）在狭窄环境中行驶应注意四周的安全，转弯时不得碰撞他物。

五、装卸料

（1）载物高度不得遮挡驾驶员视线。

（2）装载散装物料时不得有散落。

（3）在危险地带如坑、沟边缘以及土质松软地段卸料时，应在坑、沟边缘处设置安全挡板，车辆应提前减低车速，行驶到安全挡板处倒料，不得超越界限。

（4）载运炽热炉灰时，须先冷却后再装运。

（5）黏结在翻斗内壁上的物料不易倒出时，应用人工刮除，禁止利用高速行驶制动的惯性卸料。

（6）卸料后，须将翻斗复位后再行驶。

（7）在高处作业的施工现场行驶时，驾驶员须佩戴安全帽，不得驾车擅自出入安全封闭区域。

（8）装卸物料时翻斗的锁止机构开启，锁止应灵敏、可靠。

第五节　装载机安全驾驶操作规程

一、检查车辆

（1）检查燃油、冷却水及润滑油情况。

（2）检查行车、驻车制动可靠性。

（3）检查空载时铲斗系统运行情况。

（4）检查“叉车检查内容”中与装载机有关的项目。

二、起步

（1）起步前观察四周，确认无妨碍安全行车的障碍后，先鸣笛，再起步。

（2）制动气压表读数达到规定值方可起步。

（3）起步时不得突然加速，应平稳起步。

三、行驶

（1）行驶前取下前后车体安全连接杆，并妥善保管。

（2）在坡道上行驶时，应使启动操纵杆处于接通位置，启动必须是正向行驶。

（3）改变行驶方向及变换驱动操纵杆必须在停车后进行。

（4）运载物料时，应保持动臂下铰点离地面 400 mm 以上。不得将铲斗提升到最高位置运送物料。

（5）应尽量避免在斜坡横向行驶及铲装物料。

四、装卸作业

（1）发动机的水温及润滑油温度达到规定值时方可进行全负荷作业，当水温、润滑油温超过90℃（363 K）时应停车，查找原因，待水温低于90℃（363 K）时方可作业，否则会损坏发动机。

（2）禁止在前后车体形成角度时铲装货物。取货前，应使前后车体形成直线，对正并靠近货堆，同时使铲斗平行接触地面，然后取货。

（3）除散粮以外，不准用高速挡取货。

（4）不准边行驶边起升铲斗。

（5）铲斗铲装货物应均衡，不准铲斗偏重装载货物。

（6）装载车是用来进行装载及短途运输散装物料的车辆，禁止用铲斗进行挖掘作业。

（7）驾驶员离车前，应将铲斗放到地面，禁止在铲斗悬空时驾驶员离车。

（8）起升的铲斗下面严禁站人或进行检修作业。若必须在铲斗起升时检修车辆，应对铲斗采取支承措施，并保证牢固可靠。

（9）禁止用铲斗举升人员从事高处作业。

（10）禁止在码头岸边直接铲装船上的物料。

（11）在架空管线下面作业，铲斗起升时应注意不要碰到上方的障碍物，在高压输电线路下面作业时，铲斗还应与输电线保持足够的安全距离。

（12）在为载重汽车倾卸物料，铲斗前翻时不得刮碰车辆，卸载动作要缓和。在卸车作业时，应注意铲斗不要刮碰车厢。在推运或刮平作业中，应随时观察运行情况，发现车辆前进受阻，应审慎操作，不得强行前进。

（13）停车后应将换向操纵杆放到中央位置，将前后车体安全连接杆安装好。

第六节　推土机安全驾驶操作规程

推土机的行走部分是由履带来完成的，它实际上是由履带式拖拉机加上推土铲组装而成，它的作用主要是在施工现场推平地面。

一、检查车辆

（1）检查车辆燃油、冷却水、润滑油情况。

（2）检查履带销钉有无窜出现象。

（3）检查推土铲运转情况。

（4）检查液压系统运行及密封件的漏油情况。

（5）运行时，随时注意车辆的压力及温度。

二、起步

起步前观察四周是否有人，尤其是倒车时更应加强观察，同时应观察履带上是否有其他物品，确认安全后，应低速、平稳起步。

三、作业

（1）作业时应选择适宜的铲推路线，在清理作业现场时，应能保证车辆无下陷、倾覆等危险。

（2）在向高坡（或坑、沟）推土接近边缘时，推土铲不得轻易提升，应在挂上倒车挡后，提铲倒车。

（3）推土机上坡行驶不得超过25°，下坡行驶不得超过35°，推土机不得在坡度大于10°的坡路上横向作业，并不得在陡坡上进行转弯。下坡行驶不准空挡滑行。

（4）用推土机清除高于机体并埋在地下的物体时，应有安全防范措施，要在选择好有利的进退路线后，方可作业。

（5）夜间作业时，现场应有良好的照明。

（6）推土机在作业时，严禁人员上下。

第七节　挖掘机安全驾驶操作规程

一、检查车辆

按规定项目、标准检查挖掘机各部技术状况处于完好状态。

二、起步

（1）起步前，应将铲斗放在车架上，收回长杆，插好平台与车架的固定插销，支腿处于可靠的收回状态；插好连接平台与车架电路的插头，接通电源，确认各仪表指示正常。

（2）起步时应先观察四周，先鸣笛，后起步，以防伤人。

（3）挖掘机移动时，应注意前后环境状况，以防碰到电线或其他设施。

三、行驶

（1）下坡行驶时，严禁发动机熄火滑行和空挡滑行。

（2）不得在斜坡路面上横向行驶。

（3）严禁在铲斗内载人、载物行驶。

（4）通过泥泞、冰雪、松软路面以及坡度较大的道路时，应使前、后桥同时驱动。

（5）恶劣天气能见度在5 m以内或道路最大纵坡在6%以

上，能见度在 10 m 以内时，应停止行驶。

四、进入作业现场

（1）停机处的地面应平整、坚实可靠。

（2）铲斗回转半径范围内不应有其他设施妨碍铲斗作业。

（3）严禁铲斗回转半径范围内有人员停留。

（4）应尽量避免在高压输电线路下面作业。无法避免在高压输电线路下面作业时，铲斗与电线间的安全距离应符合有关规定。

（5）若需挖掘机边移动边挖掘时，应选择无碍安全的挖掘路线，否则须采取安全措施后方可进行作业。

五、挖掘作业

（1）作业时应将支腿支稳垫牢，后轮胎稍微离地；将前后轮制动，并将平台周围无关物品清除干净。

（2）在开挖前应该检查公用地下设施（管道、电缆等）的位置。不允许挖掘机在还需要保留的地下设施附近作业。

（3）挖出的沟土不应抛到沟边，应随挖随将土运走。

（4）如有两台挖掘机同时作业时，互相应保持一定的安全距离，防止臂架相互碰撞。

（5）在斜坡上作业时，要用铰盘钢丝绳将挖掘机拖住。

（6）铲斗落地和升起操作不得过猛；平台的启动、回转、停止等操作应缓慢平稳；卸料时，铲斗不得跨越或停留在运输车辆驾驶室的上方，铲斗不得与车辆的任何部位接触。

（7）挖掘机在挖比较深的基槽、地沟时，机身离边口应不少于 3 m，并用坚木垫实机身，方可进行作业。

第七章

企业内机动车辆防火防爆安全知识

第一节　企业内机动车辆防火防爆的基本概念

机动车辆在驾驶操作和维修过程中，由于操作人员违反安全操作规程、缺乏相应的防火防爆知识及设备故障等原因，存在发生机动车辆的燃料和电气设备着火的可能性。因此，要求企业内机动车辆驾驶员必须掌握防火防爆的基本知识，遵守防火规章制度，避免发生机动车辆的火灾爆炸事故。

一、燃烧与火灾

燃烧俗称着火，它是一种放热发光的激烈氧化反应。灼热的钢材虽然放热发光，但只有放热发光而没有氧化反应不能称为燃烧；放热或不发光的氧化反应，如金属的氧化生锈等，尽管在氧化反应时也是放热的，同时又很快散失掉，因而没有发光现象，也不能称其为燃烧。

1. 燃烧的条件

燃烧必须在可燃物质、助燃物质和着火源这 3 个基本条件的相互作用下才能发生，即燃烧的条件是可燃物质和助燃物质共同存在，构成一个燃烧系统，同时要有导致着火的火源。

（1）可燃物质。凡能与氧和其他氧化剂发生剧烈氧化反应的物质，均称为可燃物质。可燃物质按其存在的状态可分为固态、液态和气态可燃物 3 类；按其组成的不同可分为无机和有机可燃物两类。

在机动车辆驾驶操作过程中，经常接触到的可燃物质有汽油、柴油、机油、油棉纱、木材等。

可燃物质只要在火源作用下就可以被点燃，而且当火源撤离后，仍然能维持燃烧，直至燃尽。因此，可燃物质是防火防爆工作的主要研究对象。

（2）助燃物质。凡是能与可燃物质发生化学反应并且起助燃作用的物质，均称为助燃物质。例如，空气、氧气等。

（3）着火源。是指具有一定温度和热量的能源，或者说能引起可燃物质着火的能源，称之为着火源。常见的着火源有火焰、电火花、电弧及炽热的物体等。

易燃油料进行燃烧的必备条件是要有足够的温度和充分的空气。特别是汽油在遇到火星或明火时，即会发生燃烧，即使是微小短暂的高温火源也完全可能将微量汽油混合气点燃。因为这种火源虽然时间极短和范围极小，但是它具有很高的温度。此外，由于金属碰撞的火星，汽油与容器摩擦产生的静电火花等，都可以引起易燃油料的燃烧。有些物质虽然没有产生火焰，但具有足够的温度，同样有点燃汽油、柴油等易燃油料的可能性。甚至有些“暗火”的温度虽然达不到点燃油料的温度，但它的热量却能加速易燃油料的扩散和蒸发，可大大增加易燃油料燃烧的可能性和危险性。

由此可见，可燃物质和助燃物质及着火源构成了燃烧的 3 个要素，缺少其中任何一个要素，燃烧则不会发生。然而对于已经进行着的燃烧，只要消除其中任何一个要素，燃烧就会停止，这就是灭火的基本原理。

2. 火灾

在生产过程中，凡是超出有效范围的燃烧均称为火灾。例如在机动车辆维修中，利用电气焊修补油路管或油箱渗漏时，高温电弧或金属熔渣将周围的可燃物（汽油、柴油、油棉纱等）引燃，从而使车辆烧毁，导致人员烧伤等，这就是超出了电气焊作业的有效范围。

3. 燃烧类型

燃烧可分为闪燃、着火、自燃等类型。

（1）闪燃与闪点。各种液体表面都会产生一定量的蒸气，蒸气的浓度则取决于该液体的温度。液体温度越高，蒸发的蒸气亦越多。在正常温度下，可燃液体表面或容器内的蒸气与空气混合后，形成可燃混合气体或可燃液体，遇到着火源而发生一闪即灭的瞬间火苗、闪光的燃烧现象，称为闪燃。除了可燃性液体以外，某些能蒸发蒸气的固体，如石蜡、樟脑、萘等，其表面上所产生的蒸气，当达到一定浓度与空气混合而成为可燃混合气体，若与明火接触，也能出现闪燃现象。

引起闪燃的最低温度，称为闪点（闪点的概念主要适用于可燃性液体）。在可燃性液体温度高于其闪点时，则随时都有被火点燃的危险。当可燃性液体温度低于闪点时，蒸发速度较慢，所蒸发出来的蒸气仅能维持短时间的燃烧，不能提供足够的蒸气维持稳定的燃烧。也就是说，在闪点的温度时，燃烧的仅仅是可燃性液体所蒸发的那些蒸气，并不是液体能够燃烧，即还没有达到使液体能燃烧的温度，所以可燃性液体会发生一闪即灭的闪燃现象。

不同的可燃性液体有不同的闪点，闪点越低，其火灾危险性则越大。而闪点又是评定可燃性液体火灾危险性的主要依据。常用的几种易燃油料的闪点值见表 7—1。

表 7—1　常用油料的闪点值

名称	汽油	纯酒精	柴油	煤油	机油	齿轮油
闪点（℃）	−58～10	12	>50	28～45	>185	>180
闪点（K）	215～283	285	>323	301～318	>458	>453

（2）着火与燃点。所谓着火，就是可燃物质与火源接触而燃烧，并且在火源撤离后仍然能保持继续燃烧的现象。可燃性物

质发生着火的最低温度，称为着火点或燃点。

可燃液体的闪点与燃点的区别是，在燃点时，燃烧的不仅是蒸气，而且是液体（即液体已达到燃烧温度，可提供保持稳定燃烧的蒸气）；移动火源后，在闪点时闪燃立即熄灭，而在燃点时则能连续燃烧。

控制可燃物质的温度在燃点以下，是预防发生火灾的措施之一。

（3）自燃点与受热自燃。可燃物质受热升温，无需明火作用而发生自行着火的现象，称为自燃。自燃点是指可燃物质（不论是固态、液态或气态）在没有外部火源的条件下，能自动引燃和继续燃烧的最低温度。

可燃物质由于外界加热，温度升高，当达到其自燃点时，即出现着火燃烧的现象，称为受热自燃。

物质的自燃点越低，发生火灾的危险性则越大。物质受热自燃也是发生火灾事故的重要原因之一。在火灾事故案例中分析可知，许多火灾事故是因可燃物质受热自燃所引起的。因此，掌握可燃物质的自燃点，对防火工作有着极其重要的作用。在机动车辆驾驶和维修中，常用油料的自燃点分别是：汽油 415～530℃（688～803 K）、煤油 240～290℃（513～563 K）、柴油 350～380℃（623～653 K）等。

二、爆炸

爆炸，是物质在瞬间以机械功的形式释放出大量气体和能量的现象。爆炸可分为物理性爆炸和化学性爆炸两大类。

1. 物理性爆炸与化学性爆炸

（1）物理性爆炸，是由于物理变化（温度、体积和压力等因素）引起的。例如蒸汽锅炉的爆炸，其原因是过热的水迅速蒸发出大量的蒸汽，并且蒸汽压力超过锅炉强度的极限而引起的爆炸，其破坏程度取决于锅炉蒸汽压力。发生物理爆炸的前后，爆炸物质的性质及化学成分均不改变。

（2）化学性爆炸，是由于物质在极短时间内完成的化学反应，形成其他物质，同时放出大量热量和气体的现象。在发生化学性爆炸时还会产生强大的冲击波，这种冲击波不仅能推倒建筑物，对在场人员还具有杀伤作用。化学性爆炸的实质是高速燃烧。化学反应的高速度、同时产生大量气体和热量，是化学性爆炸的3个基本要素。

发生化学性爆炸的物质，按其特性可分为两类：一类是炸药；另一类是可燃物质与空气形成的爆炸性混合物。

可燃性物质发生化学性爆炸必须同时具备3个基本条件：一是可燃物的存在；二是可燃物与空气等氧化剂混合并达到爆炸极限，形成爆炸性混合物；三是达到爆炸极限的混合物在火源作用下。控制三个条件的同时存在，是预防可燃物质发生化学性爆炸的基本原理。

2. 爆炸极限

可燃性物质与空气的混合物，在一定的浓度范围内才能发生爆炸。可燃物质在混合物中发生爆炸的最低浓度，称为爆炸下限；反之，则为爆炸上限。在低于下限和高于上限的浓度时，遇明火不会发生着火爆炸。爆炸下限和爆炸上限之间的范围，称为爆炸极限（又称爆炸范围）。

爆炸极限一般用可燃气体或蒸气在空气或氧气混合物中的体积分数来表示，有时也用单位体积气体中可燃物的含量来表示（g/m^3）。爆炸性混合物的温度、压力、含氧量及火源能量等参数的增大，都会使爆炸极限范围扩大。从爆炸极限的范围大小可以评定可燃气体、蒸气的火险及爆炸危险性。爆炸下限较低的可燃气体、蒸气，危险性较大；爆炸极限的范围越宽，即危险性越大。常用几种油料的爆炸极限：汽油1.0%~6.48%、煤油1.4%~7.5%、柴油1.5%~3.5%。

可燃性液体汽油的闪点低，在室温条件下能够蒸发出较多的可燃性蒸气；而闪点高的可燃性液体在加热升温超过闪点时，同样也能产生较多的可燃性蒸气。由于可燃性蒸气与空气混合后的浓度往往能够达到爆炸极限，所以机动车辆在使用过程中，要严格防止跑、冒、滴、漏的现象存在，同时必须采取有效的安全防护措施，严禁明火。

三、灭火的基本方法

1. 冷却法

将灭火剂直接喷射到燃烧物上，使燃烧物质的温度降低到燃点以下，中止燃烧；或者将灭火剂喷洒在火源附近的物体上，使其不受火焰辐射热的威胁，避免形成新的火点。

2. 隔离法

将火源或其周围的可燃物质撤离或隔开，于是燃烧会因隔离可燃物而停止。

3. 窒息法

阻止空气流入燃烧区或用不燃烧物质冲淡空气，使燃烧物质得不到足够的氧气而熄灭。

4. 中断化学反应法

使灭火剂参与到燃烧反应过程中去，让燃烧过程中产生的游离基消失，而形成稳定分子或低活性的游离基，从而使燃烧的化学反应中断。

第二节　企业内机动车辆防火技术要求

一、机动车辆发生火灾的原因

可燃物质和火源的存在是企业内机动车辆发生火灾的主要因素。例如，车辆使用的燃油及部分防冻液，均属于易燃烧的液体物质。由于车辆的燃油（汽车、柴油）、防冻液或电气设备的短路等原因导致的火灾，又会引起机动车辆本身的可燃物质，如轮胎、油漆、车厢及装载货物的燃烧，从而造成了车辆的火灾事故。

常用各种易燃油料的易燃特性见表7—2。

表7—2　　常用各种易燃油料的易燃特性

油料名称 油料特性	汽油	柴油	煤油
易燃液体级别	一级	三级	二级
闪点（℃）	-58~10	60~110	28~45
密度（g/m^3）	0.67~0.71	0.8~0.87	0.83
沸点（℃）	50~150	280~365	150~300
自燃点（℃）	415~530	350~380	240~290
爆炸极限（%）	1.0~6.48	1.5~3.5	1.4~7.5
爆炸温度极限（%）	-36~7		27~86
发热量（kJ/kg）	42 700~46 000		41 450~46 500

二、车辆防火和防化学伤害安全技术要求

1. 车辆在加注燃油时防火安全要求

（1）工作人员的工作服必须穿戴整齐，不准戴手套，周围禁止烟火。

（2）车辆加注燃油时，必须将发动机熄火。

（3）加注燃油时，不准检修和调试发动机，不准在注油容器附近进行锤击和磨削作业。

（4）应用扳手旋拧油桶螺塞，不允许用铁器敲击和刮擦汽油容器。

（5）禁止在雷雨天气及高压电源线下加注燃油。

（6）严禁使用各种容器或其他自流方式向发动机上的化油器内加注燃油。

2. 车辆检修时防火和防化学伤害的安全要求

（1）搬运和安装蓄电池应平稳，以免电解液溅出。

（2）严禁在汽缸外随意试火和“吊火”。

（3）严禁用高压线“燃缸”。

（4）禁止用划火法检查蓄电池电压的高低。

（5）禁止用短路法进行划火，检查电路导线通断情况。

（6）不准用火柴、打火机等明火作照明，检查油箱油量及燃油渗漏的管路，在车辆周围应尽量少用或不用各种火源。

（7）当发动机上的化油器发生回火时，应立即停车检查调整，故障未排除之前不得行驶。

（8）严禁使用汽油等易燃物品擦拭车辆、清洗零部件、烘烤车辆和烧热水。清洗后的废油不准随意乱倒，应倒入指定回收地点。

（9）清洗发动机时，必须切断电瓶线路。

（10）发现油路管道或油箱渗漏，在紧急情况下可以用锡焊暂时补漏，一般情况下应把油箱或油管拆下，在排尽和挥发尽或清洗残余汽油后进行焊接。

（11）严禁将各种盛装汽油的容器放入驾驶室内。

（12）坚持三级动火制度。

（13）空气滤清器要紧固，防止脱落时机油洒在排气管处引起火灾。

（14）车辆各种导线要保持横平竖直卡子化，不得随意拉线，以免绝缘破损引起着火。

（15）车辆电气设备用线，要采用标准规格合格产品线，防止导线过细或其他质量问题，造成导线过热引起着火。

（16）发生车辆事故时，在抢救被困在车内人员的同时，要及时采取有效措施切断电瓶电源，以免产生火花引起车辆着火。

3. 防静电的安全要求

（1）严禁用丝绸和毛毯等物过滤油料。

（2）车辆行驶时和加注燃油时尽量减小油料冲击和摩擦。

（3）往油罐汽车装油时，输油管应插入油面以下或按到油罐底部。

第三节　车库及作业场所防火技术要求

车库及作业场所的防火要求：

（1）车库应有良好的通风设施。

（2）在车库及作业场所内严禁烟火。

（3）车库内禁止明火作业及明火照明，不得用明火炉直接取暖。必要时，可用暖气或火墙式火炉取暖。火墙式火炉取暖不得用于装载易燃易爆物品的车辆。

（4）车辆进入易燃易爆场所作业时，车辆的排气管必须安装火星熄灭器，防止火星飞溅，造成火灾。

（5）停放装运易燃易爆液体和液化石油气槽车的库房，其电气设备应符合防爆的要求。

（6）装载有漏油的桶装汽油、柴油或车辆油箱漏油时，车辆不准进入车库。

（7）车辆进入库房后，应检查未熄灭的火种和切断电瓶电源。

（8）车库内不准存放汽油、柴油等易燃物品，油棉纱（布）要集中存放在加盖的铁桶内，并及时处理。

（9）在车库及作业场所必须设有明显的安全标志及消防器材。

（10）坚持三级动火审批制度。

第四节　常用灭火器材的性能和使用方法

企业内的机动车辆、车库及作业场所，按规定应携带和配备必要的消防器材，常用的灭火器材有二氧化碳灭火器、干粉灭火器、1211 灭火器等。这些常用灭火器的性能和正确的使用方法见表 7—3。

表 7—3　常用灭火器的性能和使用方法

灭火器种类	药剂	用途	使用方法	检查方法
二氧化碳灭火器	压缩和液态的二氧化碳	扑灭电器、精密仪器、油类及酸类火灾	一只手将喇叭筒口对准火灾，另一只手打开开关	每月测量一次，当少于原重量的 1/10 时，应充气
干粉灭火器	钾盐或干粉并备有盛装压缩空气的钢瓶	扑灭电气设备火灾、旋转电动机火灾，还可以扑灭石油产品、液化有机溶剂、天然气和天然气设备火灾	提起圆环，干粉即可喷出	每年抽查一次，干粉是否受潮或结块。小钢瓶内的气体压力每半年检查一次，如重量减少 1/10 时，应充气
1211 灭火器	二氟一氯一溴甲烷，并充填压缩空气	扑灭油类、电气设备、化工化纤原料等的初期火灾	按下铅封和保险销，用力紧压把手开关	每年检查一次

灭火时的注意事项：

（1）油类着火禁止用水扑救。因为油的密度小于水，燃烧的油类易漂浮水面蔓延，要用二氧化碳灭火器扑救。

（2）电气设备、线路等着火时，禁止用水扑救。因为水是导电体，会造成触电事故，也会使电气短路烧毁。应使用二氧化碳灭火器或干粉灭火器，灭火时先切断电源。

（3）气体着火时，应先切断气源，用二氧化碳灭火器和干粉灭火器灭火。

第八章

企业内机动车辆伤害事故

第一节 企业内机动车辆伤害事故案例

企业内机动车辆虽然只是在厂院内进行运输作业，但如果对安全驾驶和行车安全的重要性认识不足、思想麻痹、违章驾驶，以及管理不善、车辆带病运行等，同样会造成车辆伤害事故，这不仅会影响企业的正常生产，还会给企业和职工造成不应有的损失。为此，本章着重对企业内机动车辆伤害事故的主要原因、常见事故形式与预防进行分析研究，以提高广大驾驶人员和安全管理人员的安全意识与技能。

一、企业内机动车辆事故的种类

根据国家有关部门对全国工矿企业伤亡事故统计表明，发生死亡事故最多的是企业内运输事故，约占全部工伤事故的25%。

企业内机动车辆伤害事故有着一定的规律性。首先，车辆伤害事故与时间有关，每天7时到15时半的事故最多，占全部事故的59%。其次，和驾驶员年龄有关，一般发生在18~40岁的人中居多，其中18~25岁的占25%，25~40岁的占32.5%。人的各个部位受伤情况下不同，头部受伤约占12.5%，手臂受伤占23.49%，躯体受伤占19%，腿、脚受伤占45.1%。

企业内机动车辆伤害事故的分类：

（1）按车辆事故的事态分：有碰撞、碾轧、刮擦、翻车、坠车、爆炸、失火、出轨和搬运、装卸中的坠落及物体打击等。

（2）按厂区道路分：有交叉路口、弯道、直行、坡道、铁路平交道口、狭窄路面、仓库、车间等行车事故。

（3）按伤害程度分：有车损事故、轻伤事故、重伤事故、死亡事故。

二、车辆伤害事故的主要原因

车辆伤害事故的原因是多方面的，但主要是涉及人（驾驶员、行人、装卸工）、车（机动车与非机动车）、道路环境这3个因素。在这三者中，人是最为重要的，据有关资料分析，一般情况下，驾驶员是造成事故的主要原因，负直接责任的占统计的70%以上。

大量的企业内机动车辆伤害事故统计分析表明，事故主要发生在车辆行驶、装卸作业、车辆检修及非驾驶员驾车等过程中。从各类事故所占比例看，车辆行驶中发生事故占44%，车辆装卸作业中发生的占23%，车辆检修中发生的占7.9%，非驾驶员开车肇事占16.5%，其他类型的事故占8.6%。由此不难发现，车辆伤害事故的主要原因都集中在驾驶员身上，而这些事故又都是驾驶员违章操作、疏忽大意、操作技术等方面的错误行为造成的。为了吸取教训，杜绝事故，现将企业内机动车事故的主要原因介绍如下：

1. 违章驾车

指事故的当事人，由于思想方面的原因而导致的错误操作行为，不按有关规定行驶，扰乱正常的企业内搬运秩序，致使事故发生。如酒后驾车、疲劳驾车、非驾驶员驾车、超速行驶、争道抢行、违章超车、违章装载等原因造成的车辆伤害事故。

2. 疏忽大意

指当事人由于心理或生理方面的原因，没有及时、正确的观察和判断道路情况，而造成失误。如情绪烦躁、精神分散、身体不适等都可能造成注意力下降，反应迟钝，表现出瞭望观察不周，遇到情况采取措施不及时或不当；也有的只凭主观想象判断情况，或过高地估计自己的经验技术，过分自信，引起操作失误导致事故。其主要表现是：

（1）车辆起步时不认真瞭望，也不鸣笛，放松警惕。

（2）驾驶和装卸过程中与他人谈话、嬉笑、打逗，操作不认真。

（3）急于完成任务或图省事。

（4）操作中不能严格按规程去做，自以为不会有问题。

（5）在危险地段行驶或在狭窄、危险场所作业时不采取安全措施，冒险蛮干。

（6）不认真从所遇险情和其他事故中吸取教训，盲目乐观，存有侥幸心理。

（7）每天驾车往返同一路段，易产生轻车熟路的思想，行车中精神不集中。

（8）厂区内没有专职交通管理人员和各种信号标志，驾驶员遵章守纪的自我约束力差。

3. 车况不良

（1）车辆的安全装置如转向、制动、喇叭、照明、后视镜和转向指示灯等不齐全有效。

（2）蓄电池车调速失控，造成“飞车”。

（3）翻斗车举升装置锁定机构工作不可靠。

（4）吊车起重机的安全防护装置，如制动器、限位器等工作不可靠。

（5）车辆维护修理不及时，带病行驶。

4. 道路环境

（1）道路条件差。厂区道路和厂房内、库房内通道狭窄、曲折，不但弯路多，而且急转弯多，再加之路面两侧的大量物品的堆放，占用道路，致使车辆通行困难，装卸作业受限，在这种情况下，如驾驶员精神不集中或不认真观察情况，行车安全很难保证。

（2）视线不良。由于厂区内建筑物较多，特别是车间内、仓库之间的通道狭窄，且交叉和弯道较频繁，致使驾驶员在驾车行驶中的视距、视野大大受限，特别是在观察前方横向路两侧时的盲区较多，这在客观上给驾驶员观察判断造成了很大的困难，对于突然出现的情况，往往不能及时发现判断，缺乏足够的缓冲空间，措施不及时而导致事故。同样，其他过往车辆和行人也往往由于不能及时观察掌握来车动态，没有做到主动避让车辆。

（3）因风、雪、雨、雾等自然环境的变化，在恶劣的气候条件下驾驶车辆，使驾驶员视线、视距、视野以及听觉力受到影响，往往造成判断情况不及时，再加之雨水、积雪、冰冻等自然条件下，会造成刹车制动时摩擦系数下降，制动距离变长，或产生横滑，这些也是造成事故的因素。

5. 管理因素

（1）车辆安全行驶制度不落实。建立、健全安全行车的各项规章制度，目的就是为了避免和最大限度地减少车辆事故的发生。但由于执行不力、落实不好，或有章不循，对发生的事故或险兆事故不去认真分析和处理，而是大事化小，小事化了，那么各种制度如同虚设，就会淡化驾驶员的安全意识，这是导致车辆伤害事故不断发生或重复发生的重要原因之一。反之，如果有章必循，违章必究，车辆在行驶中发生了险情或事故，本着“四不放过”的原则，查明原因，分析责任，严肃处理，就会不断强化广大驾驶员的安全意识，进一步提高他们遵章守纪的自觉性，减少和避免车辆伤害事故的发生。

（2）管理规章制度或操作规程不健全。没有建立或健全以责任制为核心的各项管理规章制度，没有健全各种车型的安全操作规程，没有定期的安全教育和车辆维护修理制度等都会造成驾驶员无章可循的局面或带来安全管理的漏洞，从而导致事故的发生。

（3）非驾驶员驾车。按照有关规定，企业内机动车驾驶员须经过专业培训、考核，取得合法资格后方准驾车。在车辆伤害事故中，由于无证驾车，造成一是事故率较高，二是事故后果相当严重。无证驾驶车辆肇事之所以难以杜绝，屡禁不止，主要是无证驾车人法制观念淡薄，但根本原因还在于企业安全管理不到位，处理不严，甚至有的竟是个别领导违章指挥所致。一般情况下，多数是无证者由于好奇私自驾车或驾驶员违反规定私自将车交给无证人员驾驶造成的。

（4）车辆维修不及时。车辆在运行过程中，必然要出现正常的磨损和损坏，在车辆的管理中，企业必须建立定期的车辆维护、修理及检验制度。按规定适时对车辆进行检验、维修，随时保证车辆的完好状态。与此同时，驾驶员还要严格执行出车前、行车中及收车后的车辆“三检”制度，及时发现、排除各种故障与隐患，只有这样才能既顺利完成各项生产任务，又能确保行车安全。但是，有的企业和驾驶员只顾用车不进行维护、修理，致使车辆带病运行，从而导致事故的发生。

（5）交通信号、标志、设施缺陷。交通信号、标志、设施，如信号指示灯，禁行、限行、警告标志，隔离设施等，是在某些路段、地点或在某些情况下对车辆驾驶员或其他交通参与者提出的具体要求或提示的标记，从某种意义上讲，带有明显的规范性和约束力，是企业内交通安全管理的组成部分。按照有关规定，各种交通信号、标志、设施的覆盖面，特别是在厂区的繁忙路段、弯道、坡道、狭窄路段、交叉路口、门口等特殊条件下都应达到100%，而且安全管理部门应经常检查、教育、督促驾驶员和其他人员认真遵守。但是，有的企业对此认识不足，不同程度地存在着标志、信号、设施不全或设置不合格的情况，这样驾驶员就难以根据在不同的道路情况下或在某些特殊情况下，按具体要求做到谨慎驾驶，安全行车。

三、常见车辆伤害事故案例

企业内机动车辆伤害事故的发生，与车辆的技术状况、道路条件、管理水平，尤其是驾驶员的安全技术素质（思想情况、操作技能、驾驶经验、应变能力等）因素有关。在这其中最为关键的是人的因素。虽然造成事故的原因是多方面的，但通过大量事故案例分析研究表明，大部分事故往往是由于驾驶员违章驾驶和思想麻痹造成的。为从血的事故中吸取教训，避免重复性事故的发生，现将有关典型车辆伤害事故案例介绍如下：

1. 无证驾驶事故案例

机动车辆是一种行驶速度较快的运输工具，具有较复杂的机械构造与性能，它的行驶速度较非机动车要快几倍甚至几十倍，一旦发生事故，其破坏性非常之大。所以驾驶机动车辆的人员，必须掌握车辆基本结构及性能，经过严格考核培训才能熟练驾驶车辆。非机动车驾驶人员，没有经过专门的学习培训，不掌握车辆的构造性能，不懂驾驶技术与操作规程，对安全行车具有极大的危害性，必须坚决制止与杜绝。

事故案例一：1986 年×月×日，××厂电瓶车司机将装满桶的电瓶车停放在车间办公室门口后去厕所，制桶工×××未经任何人同意就将停放的电瓶车拖带的运桶拖盘摘下，私自开车运木头。当将所运木头卸完，向原停放位置倒车途中，电瓶车左后侧顶在制桶车间一勤杂工的臂部，将其顶出数米远，撞在摘下的运桶拖盘车上，被撞勤杂工经抢救无效死亡。

事故原因及责任分析：不熟悉驾驶技术，不懂安全操作规程，私自开车，无证驾驶，应负事故全部责任。

事故案例二：1987 年×月×日，××厂初学开叉车的司机×××没听从师傅的吩咐将叉车开到指定地点停放，而自己将车开到某空地处调头。在调头过程中左后轮压在一凹地处，叉车右前轮离地，不能向前开。这时刚好有一民工经过，见状帮忙在车后推，驾驶员由于挂错挡，叉车突然向后行走，将民工撞在后边的一堵墙上，造成墙倒人伤。

事故主要原因及责任分析：驾驶员无证上岗，应负全部责任。

2. 交叉路口事故案例

厂区交叉路口地形复杂，行人车辆聚集交会，再加之驾驶员在观察前方横向路时视线不良，如不认真遵守交叉路口的行驶规定，极易发生各类事故。

事故案例一：1984 年 × 月 × 日，× × 仓库内，一辆东风后三轮摩托车由南向北行驶，一辆大货车由西向东行驶，准备出仓库大门，两车在驶向距仓库大门约 30 m 处的一十字路口时，由于两名驾驶员都违章超速行驶，再加之仓库内路口旁有货垛，影响双方驾驶员观察前方横向路的情况，通过路口未采取减速的措施，结果两车在路口中央相撞，造成后三轮摩托车侧翻，驾驶员当场死亡。

事故原因及责任分析：双方驾驶员在仓库院内行驶违反了限速规定，在通过视线不良的交叉路口时未提前减速，冒险抢行是事故发生的主要原因。

事故案例二：1985 年 × 月 × 日，× × 厂驾驶员 × × 驾驶一平板柴油搬运车在厂区运送物料。当该车行驶至一交叉路口时，突然发现右侧路口驶来一辆车，× × 急刹车同时向左打转向盘躲闪。由于车速快和离心力作用，将平板车上的货仓及站在车尾部手扶货仓的装卸工一起甩下，装卸工颅脑干断裂，经抢救无效死亡。

事故主要原因及责任分析：主要原因是驾驶员驾车通过交叉路口时没有认真观察，未提前降低车速和装卸工违章乘车所致。

3. 超速行驶事故案例

“十次事故九次快”，是说车辆伤害事故许多是由于行驶速度过快，来不及采取措施造成的。车速过快，会破坏车辆的操纵性和稳定性，会延长车辆的制动距离，扩大了车辆制动的非安全区，同时使驾驶员和其他人员判断险情和采取避让的时间缩短。所以，驾驶员一定要严格遵守厂区限速规定，同时要集中精力谨慎驾驶，注意道路环境和行人动态，避免事故发生。

事故案例一：1968 年×月×日，××厂铲车司机参加卸糖作业。工间休息时，到休息室吃饭。饭后，该司机驾车返回作业现场，当行驶至码头泊区时，因车速较快，司机操作不当，使车辆失去控制从码头边坠落海中，导致铲车沉入海底，司机当场溺死。

事故主要原因及责任分析：由于驾驶员思想麻痹，违章超速行驶，又缺乏应变能力，导致操作失误，车辆失去控制以致发生事故。应负事故的全部责任。

事故案例二：1985 年×月×日，××厂的一辆日产叉车在本厂院内从事搬运袋装矿石任务，驾驶员在作业过程中用叉子上部叉起两袋约 600 kg 重的矿石，由于驾驶员行车速度过快，在右转弯时叉车失去平衡造成侧翻，驾驶员被砸致死。

事故主要原因及责任分析：主要是驾驶员违章超速行驶，转弯时不减速造成的，应负全部责任。

4. 酒后驾车事故

如前所述，酒精主要作用于人的中枢神经系统，一般情况下，人在饮下 20～40 mL 的酒后，人们的注意力、判断力及动作协调性就会减弱，所以，酒后驾车极容易发生恶性事故。

事故案例一：1982 年×月×日，××厂一辆大货车的驾驶员酒后驾车，当驶过一十字路口 50 m 时，撞到了靠道路右侧停放的一辆货车，将该驾驶室内乘坐的小孩撞出；又继续行驶 50 m，把路旁标志牌撞坏；车辆未停继续向前行驶 155 m，又将路边一骑车人撞死，同时将骑车人的妻子撞到沟里造成重伤；又继续行驶 185 m，因有车追赶被迫停车；掉头时，又将车倒入沟内，自己也造成重伤。

事故主要原因及责任分析：以上事故属驾驶员酒后违章开车所致，应负全部责任。

事故案例二：1993 年×月×日，××单位两辆东风牌大货车去拉运钢材。在行车途中，一车三人（驾驶员和两名装卸工）晚饭时喝了一瓶白酒，饭后继续行驶。本单位的另一辆车先驶入卸货地点，前车司机停车下车察看。由于后车司机酒后驾车，发现前车停车情况时已晚，采取措施不及，与前车尾部相撞，车上所装钢材前移，将驾驶室挤瘪，机车接近报废，造成随车装卸工人和驾驶员死亡的恶性事故。

事故主要原因及责任分析：驾驶员酒后违章驾驶车辆，应负全部责任。

5. 倒车事故

驾驶员在倒车作业中，由于视线不好、习惯性操作或操作不当，在车后有障碍或人员的情况下，将会导致事故的发生。

事故案例一：1980 年 × 月 × 日，× × 厂一铲车在煤炭货场铲运煤炭，中途车辆发生故障，便在离煤垛 8 m 远的地方停车检查。当驾驶员 × × × 在车尾部掀开发动机罩检修时，另一铲车在煤垛前卸下煤炭后，一边落下升降架，一边向后倒车，正直对着后面停车检查的铲车尾部撞去，两车相撞后，被撞铲车移动 1 m 多，驾驶员 × × × 左腿被严重挤伤，虽经抢救，但左腿下部坏死，造成截肢。

事故主要原因及责任分析：司机作业倒车时，既不观察又不鸣笛，应负事故主要责任。

事故案例二：1991 年 × 月 × 日，× × 厂司机与助手在厂院内为所驾驶的解放货车挂车斗，当机车距斗车 20 cm 时，司机熄火下车，与助手共同拉斗车往机车上挂，但未拉动。司机抬着臂叉，让助手上车继续向后倒一点车，助手上车后在未检查挡位的情况下即发动车辆。车启动后突然后倒，司机受到撞击随臂叉落地同时被挤倒，连同斗车一起顶出 11 m 多远，造成颅脑严重损伤，经抢救无效死亡。

事故主要原因及责任分析：助手违反了有关“启动发动机前，应拉紧手制动，完全踏下离合器踏板，将变速杆置于空挡位置，然后打开点火开关”的规定，贸然倒车，加之缺乏处理紧急情况的经验，是此起事故的直接原因。另外，司机在对助手操作技术掌握不清，而且没有安全把握和防范措施的情况下，盲目指使助手倒仅为 20 cm 的距离，也是促成此起事故的又一主要原因。

6. 车辆状况不良事故

在安全行车中，车辆的技术状态好与坏起着重要的作用。特别是车辆的制动系统及转向系统对安全行车的影响最大。另外，车辆的音响、灯光、轮胎、传动装置也是非常重要的。如果上述这些部位缺乏维护和日常的检验，就会造成带病行车，如遇紧急情况，将不可避免地造成重大的车辆事故。

事故案例一：1979 年 × 月 × 日，一辆解放牌货车去库房装运铁砖，车上有 6 名装卸民工和一名家属，行车前驾驶员已查出刹车系统漏气，当时未作处理。铁砖装好后，司机起步前没有检查气压就起步。车行驶 40 m 后遇下坡道，司机为了节油，熄火空挡滑行。因坡较陡，车速增快，司机用脚制动无效，才发现气压表只有两个压力，立即拉手制动，由于重车在陡坡上滑行，手制动已无法减速，采取抢挡措施，但两次都未成功。这时车已出仓库大门，距离大门 150 m 就是 90°的转弯。司机向右打转向盘，由于车速快，车跑出路面翻倒在菜地里，车上 6 名民工和铁砖同时甩出车外，死亡 1 人，重伤 2 人。

事故主要原因及责任分析：驾驶员违章开带病车，而且开车前未检查气压，因漏气造成制动失灵，又为了节油忽视安全，熄火空挡滑行，应负事故全部责任。

事故案例二：1989 年 × 月 × 日，× × 厂叉车司机驾驶叉车以 20 km/h 左右的速度运载物料，在某路段司机依惯性沿路中心线空挡减速。当滑行过车间路口时，把刚从该路口拐入道路中线偏右同向行进的 × × 刮倒。司机闻声急刹车，但刹车失灵，叉车继续向前滑行，使被撞人被载料桶撞倒，压入桶底并随车向前推行4.2 m，××经送医院抢救无效死亡。事后检查发现刹车油管脱落。

事故主要原因及责任分析：司机精神分散。班前无仔细检查，致使刹车油管存有重大隐患而没有及时发现消除。

7. 装卸事故

车辆装卸事故主要表现在装卸超载、客货混装、物品滚落伤人、驾驶员蛮干等。

事故案例：1986年×月×日，××公司驾驶员王×驾驶3 t叉车帮助木器厂进行小锅炉移位。装卸工李×等五人手扶手推车待叉车装锅炉。叉车第一次把锅炉运到手推车上方下落时，手推车失去平衡发生前倾。这时李×找来两根150 mm×150 mm的木方，横绑在手推车上方，并叫其余四人到两侧扶住锅炉，由他亲自扶把。当叉车把锅炉放在手推车上时，一瞬间锅炉向车把方向滚动，装卸工李×因扶不住车把，跌倒在车把上，锅炉从李×的身上滚过。

事故主要原因及责任分析：违反了有关装载的规定。

8. 通过铁路道口的事故

机动车在通过铁路道口时，应提前减速，严禁争道抢行。特别是在通过无人看守或视线不好的道口时，更要认真遵守“一慢、二看、三通过”的原则，切不可冒险通过。否则将会产生难以预料的惨痛后果。

事故案例：1993年×月×日，××厂司机驾驶解放牌货车在某粮库拉运粮食。在通过该仓库一无人看守的铁路道口时，由于未认真执行“一慢、二看、三通过”的规定，再加之铁路两侧有粮垛，使驾驶员观察视线受阻，当该车冒险通过时，与一辆由北向南驶来的火车相撞。汽车被撞出30余米，后将汽车夹在火车头与粮库墙壁之间，造成车厢上的两名装卸工人当场被挤死，汽车全部报废的重大事故。

事故主要原因及责任分析：驾驶员在通过铁路道口时，思想麻痹，侥幸冒险通过，违反了有关认真瞭望的规定，应负事故主要责任。

9. 起重伤害事故

移动式起重机由于机动性强，对稳定性要求较高，在作业过程中如不严格执行规程，稍有疏忽就会酿成事故。

事故案例一：1986 年 × 月 × 日，× × 厂汽车起重机配合修理工安装汽车大箱，在起重机上方 9 m 处有 6 600 V 高压线。当起重机将大箱放好后，吊臂卸载反弹触及高压线，起重机带电，装卸工甲因整理吊钩上的钢丝绳，被电击倒。起重机熄火，驾驶员见无法使吊臂脱离高压线，喊装卸工乙帮助启动发动机。乙刚踏上脚踏板便被电击倒，甲、乙被送医院抢救，甲右手严重烧伤，乙因抢救无效死亡。

事故主要原因及责任分析：驾驶员违反了高压线下严禁作业的有关规定，应负主要责任。

事故案例二：1996 年 × 月 × 日，× × 厂一台 20 t 起重机在一搅拌池内吊一个约重 20 t 的轴承。由于搅拌池呈锅底状，有约 30°的坡度，在架平起重机的过程中，由于支承器受力不均衡，造成车辆倾斜后移，将一司索工挤在起重机和搅拌池轴承架之间，当场死亡。

事故主要原因及责任分析：起重作业人员违反了在坡道上起重作业的有关规定。

第二节　企业内机动车辆伤害事故的预防措施

一、驾驶员处理事故的基本素养

尽管车辆伤害事故的发生是在一刹那，但这一刹那因驾驶员经验不足或心理素质较差，导致措施不当或操作失误，往往会使事态扩大，加重损失。所以，培养良好的心理素质和处理突发情况的能力，是每位驾驶员必备的职业素养。

1. 必须对交通的冲突点保持充分的缓冲空间和缓冲时间

在企业内驾驶车辆必须与道路上的交通参与者，包括活动物体（行人、车辆）和静态物体（如停放的车辆、设备、建筑、电杆等）保持足够的横向、纵向的缓冲空间和保持足够的缓冲时间。其目的是在突发情况发生时，使自己所驾驶的车辆有充分的制动距离或能采取其他应变措施的时间。作为一名驾驶员，在行车中时刻保持避免冲突的缓冲时间和缓冲空间，主要是靠自觉运用操作规程和规章制度的规定，注意平时锻炼自己的反应能力，善于观察，选择处理冲突的有用信息（如各种标志信号、方向灯、制动灯等信息），只有这样，在突发情况出现时，驾驶员所驾驶的车辆才能避开冲突点。

2. 车辆伤害事故的避让与处置

避让事故是一项复杂的驾驶技术，避让得当可减少事故损失，反之则加重损失。得当的避让首先取决于驾驶员良好的心理素质和熟练的驾驶技术。避让是否得当，主要取决于以下几点：

（1）遇险情要冷静，这是能否及时避让事故的先决条件。

1）保持清醒，采用正确的避让动作，往往能及时中止事故，使损失减少到最低限度。

2）不要惊慌失措，稀里糊涂做出避让动作；反之，虽能在事故后及时停车，但往往损失已经造成。

3）尽快从惊呆中清醒。若是完全惊呆，没有采取任何避让措施，往往导致事故持续，从而扩大事故损失。

（2）遇险情要先顾人后顾物，这是避让的一项基本原则。

（3）遇险情要就轻避重，在避让时要靠近损失或危害较轻的一方，避开损失或危害较大的一方。

（4）遇险情要先顾别人后顾自己。

（5）遇险情要先顾方向后顾制动。因为在事故前正确转动转向盘可使车辆避开事故的冲突中心，有时甚至能脱离险情。若转向盘转动滞后于制动使用，就会使车辆失去避让的机会，但对于需缩短制动距离的事故应在转动转向盘的同时采取紧急制动。

二、车辆肇事后应做的工作

车辆伤害事故不是人们期望发生的，一旦发生事故，作为肇事车驾驶员和事故单位应做好哪些工作，也是很有必要了解掌握的。只有做好事故后一些工作，才能避免扩大损失，尽快恢复生产。同时更重要的是对今后的事故分析处理会提供可靠的第一手资料。

1. 车辆伤害事故现场

车辆伤害事故现场是指发生事故的车辆、伤亡人员及与事故有关的遗留物、痕迹所在的路和地点。现场分为两类：

（1）原始现场。现场上的肇事车辆和伤亡人员以及有关遗留物均未遭到改变和破坏，仍然保持着发生事故后的现场原始状态。

（2）变动现场。事故发生后，由于人为的或自然原因，改变了现场的原始状态的部分或全部。

2. 现场勘察的目的

（1）从现场勘察收集的痕迹、物品中研究各种痕迹之间的联系，从而判明当事各方在发生事故过程中的主要情节和违章因素。

（2）通过现场勘察，查明事故的主要客观原因及事故各方的初步责任。

（3）通过现场勘察，为研究发生事故原因和规律提供可靠的依据。

3. 肇事后驾驶员应做的工作

车辆一旦肇事，驾驶员应努力减少事故损失，并配合有关部门及人员做好以下几项工作：

（1）迅速停车，积极抢救伤者，并迅速向主管部门报告。对于触电者，应就地实施人工呼吸抢救；对于外伤出血者，应予以包扎止血。在事故现场进行简易紧急抢救后，要视伤者的具体情况，及时送往医院抢救。对于当即死亡人员，不得擅自将尸体及其肢体移位。

（2）要抢救受损物资，尽量减轻事故的损失程度，设法防止事故扩大。若车辆或运载的物品着火，应根据火情、部位，使用相应的灭火器和其他有效措施进行补救。

（3）在不妨碍抢救受伤人员和物资的情况下，尽最大努力保护好事故现场。对受伤人员和物资需移动时，必须在原地点做好标志；肇事车辆非特殊情况不得移位，以便为勘察现场提供确切的资料。肇事车驾驶员有保护事故现场的责任，直至有关部门人员到达现场。

（4）肇事驾驶员必须如实向事故调查人员汇报事故的详细经过和现场情况。

（5）肇事驾驶员应态度端正，从事故中吸取教训，切忌谎报，隐瞒事故情节和伪造、毁坏事故现场。

4. 事故发生单位应做的工作

事故单位的领导或主管部门接到事故报告后，应立即赶赴事故现场，组织人员抢救伤员、物资，保护好事故现场，根据人员的伤势程度，按规定程序逐级上报。

事故单位的安全管理部门，可在不破坏事故现场的情况下，对现场初步进行勘察，尤其是在主要干路上易被破坏的痕迹，物品的勘察应抓紧进行。事故现场勘察主要有下列几项内容：

（1）保护现场，首先应观察事故现场全貌，确定现场范围，并将现场封闭，禁止车辆和其他无关人员入内。如现场有易燃、易爆或剧毒、放射性物品，应设法采取措施防止事态扩大。

（2）寻找证人。尽快查找到事故发生时的直接目击者、证人，获得第一手资料。

（3）看护肇事者，对重大伤亡事故的肇事者必须指定专人看护隔离，防止发生意外。

（4）绘制现场图。

（5）测量事故现场。

（6）对事故现场进行拍摄。

三、常见事故的预防

1. 企业内直路事故预防

机动车在直路上行驶，由于视线和道路条件好，驾驶员思想容易麻痹，行车速度较快，不利于安全行车。企业内道路比较狭窄，视线不良，人车混行，如驾驶员思想麻痹，车速过快，观察不周，措施不当，极容易发生碰撞事故。在企业内直路上行驶应采取以下防范措施：

（1）驾驶员应做到精力集中，认真观察路面上车辆、行人动态，做到提前准确判断。

（2）车辆行驶时应注意保持足够的行车间距。

（3）车辆行驶时应根据气候、道路情况、车速等保持适当的安全横向间距。

（4）严格遵守企业内车辆行驶速度的规定。

（5）保证企业内道路畅通，安全标志、信号完好。

（6）车辆行驶必须保持技术状况良好，严禁带病行驶。

2. 企业内交叉路口行车事故预防

企业内道路地形复杂，交叉路口较多，车辆通过时，由于受厂房、货垛等其他设施的影响，会使驾驶员视线受阻。又由于交叉路口所形成的冲突点和交织点，更使安全情况复杂化，如驾驶员不认真遵守路口行车的有关规定，极易发生事故。

企业内交叉路口行车事故原因很复杂，应采取以下预防措施：

（1）车辆进入交叉路口前要提前减速，不准超过 15 km/h。路面窄、盲区大时，车速还应降低。

（2）驾驶员应注意观察视线内车辆行人动态，安全通过交叉路口，要突出一个“慢”字，严禁一个“抢”字。

（3）车辆转弯时，应提前打开转向指示灯，右转弯要缓慢，左转弯应注意避让其他车辆，谨慎驾驶。

（4）车辆转弯时应保持左右两侧有足够的横向间距。

3. 企业内倒车事故的预防

企业内运输距离短，往返频率高，增加了车辆起步、停车、倒车的次数，再由于企业内视线不良、环境复杂、观察不便，很容易导致事故。

为预防倒车事故，驾驶员必须做到以下几点：

（1）企业内道路、环境情况复杂，倒车前必须选择好倒车路线与地点。

（2）倒车前应认真观察周围情况，确认安全后鸣笛起步缓慢后倒。

（3）在厂房、料库、仓库、窄路及视线不良地段倒车时，须有专人指挥。

（4）车辆在企业内平交路上，桥梁、陡坡等危险地段不准倒车。

（5）保持车辆技术状况良好。

4. 叉车装卸事故的预防

企业内机动车辆装载事故以叉车发生为多，主要表现在装载不稳、超载、货物坠落伤人等。

为防止装卸事故，应注意以下几点：

（1）要严格遵守有关装卸的规定和操作规程。

（2）叉载的物品不能超过额定起重量。重量不清应试叉，不许冒险蛮干。

（3）禁止两车共叉一物。特殊情况除制定完善的保证措施外，应进行空车模拟操作，待两车动作协调后方准作业。

（4）叉车作业升降、倾斜操作要平稳，行驶时不要急转弯、转向。

（5）驾驶员应了解所搬运物品的性质，易滚动易滑物品要捆绑牢固，不准搬运易燃易爆等危险用品。

5. 夜间行车事故预防

机动车在夜间行驶，由于光线不好，视觉不良，操纵困难，会给安全行车造成很大的影响。

驾驶员在夜间行车，应做到以下几点：

（1）出车之前，应认真检查车辆，保证车辆制动可靠、转向灵活、气压正常、灯光和喇叭等齐全有效。

（2）适当降低车速，认真观察，正确使用灯光，并随时做好停车准备，以防发生意外。

（3）夜间会车，须距对面来车 150 m 以外，将远光灯变为近光灯，并适当降低车速，选好交会地点。如因灯光照射发生炫目时，应立即停车，避免事故发生。

（4）夜间行车应尽量避免超车，如必须超车时，应事先连续变换大光灯远近示意，待前车让路允许超越后，方可进行超越。

（5）夜间行驶途中，车辆需临时停放或停车修理时，应开亮小光灯和车尾灯，防止碰撞事故的发生。

第九章

车辆驾驶员的培训与管理

第一节　车辆驾驶员的培训

一、安全培训目的

（1）通过培训，使企业内机动车辆驾驶员从思想上认识安全生产的重要性和进行安全技术培训、考核的必要性，提高“安全第一、预防为主”的思想认识。

（2）掌握企业内机动车辆驾驶员的安全操作规程和规定。

（3）掌握企业内机动车辆驾驶员必备的安全操作技能。

（4）了解和掌握企业内机动车辆的安全要求和维护要求，并初步掌握常见故障的判断和排除方法。

二、考核标准

企业内机动车辆驾驶人员安全技术考核标准参见本书附录：“企业内机动车辆驾驶人员安全技术培训大纲及考核标准”。

第二节　车辆驾驶员的安全管理

一、建立健全各项安全管理制度

（1）根据国家的安全生产方针政策、法规，结合企业实际制定各项安全措施、制度，如驾驶员安全操作制度、安全例会制度、安全奖罚制度等。

（2）建立安全生产管理责任制，为加强驾驶员安全管理，企业要有负责机动车辆安全管理的主管领导。车辆较多的单位要设有专门机构，同时要设有专（兼）职安全管理人员，做到职责明确，落实到人。在考核、评比工作中必须把安全工作作为一项主要内容并执行安全一票否决。

二、对驾驶员进行安全教育、培训、检查

对机动车辆驾驶员要经常开展安全思想技术教育活动，提高思想、技术素质，提高法制观念和遵章守纪观念，经常举办安全教育学习班、技术培训班、技术比武、安全知识竞赛、典型事故案例分析教育等丰富多样的安全教育活动。

定期和不定期或阶段性地开展安全大检查，这是发现隐患和预防事故发生的重要措施，对机动车辆驾驶员（包括车辆技术状况）操作情况现场抽查和“跟车”检查是安全检查的有效方法。定期组织驾驶员分析典型事故案例活动，结合气候、节假日安全检查工作开展“百日安全竞赛”，组织安全红旗车辆竞赛和安全驾驶员评比活动等都是预防、减少事故的有效措施。

要注意总结驾驶员队伍中经过长期实践探索出来的安全行车操作宝贵经验和爱车经验，并将它推广。如举办安全行车经验交流会、安全操作现场表演会，编辑安全行车经验的小册子。这种利用企业内自己的典型先进人物和经验开展切合实际的安全教育是更有效的方法。

三、帮助驾驶员解决思想、生活负担，为安全生产创造良好条件

对驾驶员的思想、生活、家庭等状况要做到心中有数。当驾驶员情绪出现波动低落时就会直接影响安全行车。因此，作为企业和部门负责人，要关心、体贴和及时帮助驾驶员解决后顾之忧，要经常与驾驶员谈心，主动征求意见，及时做好疏导工作。

第二部分　企业内机动车辆驾驶员安全技术考核复习题及试卷实例

Ⅰ. 安全技术考核复习题

一、选择题

1. 道德是（　　）。

A. 人们行为规范和准则的总和

B. 每天每时都要遇到的问题

C. 维护社会秩序的规章

2. 随着科学技术与经济建设的不断发展和社会文明的不断进步，职业道德（　　）。

A. 是永恒的

B. 在世界各国都一样

C. 也在不断发展和完善

3. 企业内常用机动车辆分为（　　）。

A. 8 大类　　B. 10 大类　　C. 12 大类

4. 企业内机动车辆中的大型汽车是指（　　）的汽车。

A. 发动机功率为 14. 7 kW

B. 总重量大于 4 500 kg 或总长度在 6 m 以上

C. 载客 20 人以上

5. 行驶于企业内的机动车辆，由（　　）管理。

A. 公安交通部门　　B. 农机部门

C. 特种设备安全监督管理部门

6. 《工业企业厂内运输安全规程》规定，企业内机动车辆（　　）。

A. 不得用于载人　　B. 可载管理人员

C. 对载人无限制

7. 道路交通标志分为（　　）。

A. 警告标志、禁令标志、指示标志等

B. 主标志和辅助标志两大类

C. 交通禁令、交通警示、交通标线

8. 警告标志形状为（　　）。

A. 圆形　　B. 长方形或正方形

C. 顶角朝上的等边三角形

9. 禁令标志颜色是（　　）。

A. 黄底、黑边、黑图案

B. 白底、红圈、红杠、黑图案

C. 蓝底、白图案

10. 汽车的动力装置是（　　）。

A. 发动机　　B. 电动机　　C. 注塑机

11. 叉车的平衡重块是为了保持（　　）。

A. 叉车直线行驶　　B. 纵向稳定性

C. 横向稳定性

12. 蓄电池车的动力装置是（　　）。

A. 交流异步电动机

B. 直流并激式电动机

C. 直流串激式电动机

13. 发动机是（　　），实现动力输出。

A. 把热能转换为机械能

B. 把热能转换为电能

C. 把电能转换为机械能

14. 国产发动机的发火次序是（　　）。

A. 1—2—3—4—5—6

B. 1—3—5—2—4—6

C. 1—5—3—6—2—4

15. 发动机的正常工作温度保持在（　　）的范围内。

A. 70～80℃　　B. 80～90℃　　C. 90～95℃

16. 四行程发动机的一个工作循环中，曲轴转了（　　）圈。

A. 一　　B. 二　　C. 四

17. 柴油具有（　　）的特点。

A. 不易蒸发，且其自燃温度比汽油低

B. 不易蒸发，且其自燃温度比汽油高

C. 易蒸发，适宜做溶剂

18. 四行程汽油机与四行程柴油机的重大区别是（　　）。

A. 有无冷却系

B. 有无润滑系和启动机大小不同

C. 有无点火系和燃料供给系的变化

19. 柴油机的燃料供给系由（　　）组成。

A. 油箱、柴油滤清器、输油泵等

B. 油箱、柴油滤清器、输油泵、喷油泵、喷油器及高压油管等

C. 燃油供给装置、空气供给装置、混合气形成装置、废气排出装置

20. 机动车离合器分离时，可（　　）。

A. 使发动机熄火

B. 中断动力的传递，使换挡轻便平顺，减小齿轮撞击声

C. 使车辆迅速停止

21. 汽车变速器通过换用不同挡位可在发动机输出功率不变的情况下（　　）。

A. 获得不同的速度和牵引力

B. 决定装载货物的多少

C. 减轻驾驶员的劳动强度

22. 普通十字轴万向节在传递动力时，由于有角度的变化，两轴（　　）。

A. 匀速转动　　B. 等角速度运动

C. 不能等角速度运动

23. 主减速器起着（　　）。

A. 变换车速的作用

B. 降低转速、增大输出扭矩和改变传动旋转方向的作用

C. 连接和传递两根轴线不相重合的动力作用

24. 差速器作用之一是（　　）。

A. 转弯时保证驱动车轮处于纯滚动状态

B. 转弯时驱动车轮转速一致

C. 降低转速、增大扭矩

25. 机动车车架的功用是（　　）。

A. 提供动力、便于操作、安全行驶

B. 保持车辆稳定的直线行驶和转向轻便及减少轮胎和转向机件的磨损

C. 承受全车的载荷和保证各种装置的相对位置

26. 驱动桥的功用是（　　）。

A. 起驱动发动机转速、改变传动系扭矩的作用

B. 起换挡方便、无异响、转向轻便的作用

C. 支持车架，承受车辆的主要负载，行驶时承受车轮传动的反作用力

27. 机动车前轮定位是为了使（　　）。

A. 汽车保持稳定的直线行驶、转向轻便及减少汽车在行驶中轮胎和转向机件的磨损

B. 保持直线行驶，防止转弯过于频繁

C. 保证车辆行驶在任一地点都能与调度室取得联系

28. 前轮前束是指（　　）。

A. 两前轮后端距离小于前端距离

B. 两前轮后端距离等于前端距离

C. 两前轮后端距离大于前端距离

29. 车辆的转向系一般由（　　）组成。

A. 转向器和前轮定位

B. 转向器和转向传动机构

C. 转向盘和转向器

30. 机械传动的履带行走装置转弯时（　　）。

A. 靠转向盘控制

B. 靠一边履带脱开履带离合器

C. 靠两边履带脱开履带离合器

31. 驾驶员离开汽车而汽车能可靠地停放在坡道上，不自动滑溜，需用（　　）。

A. 行车制动装置　B. 驻车制动装置　C. 离合器

32. 制动距离是指机动车在规定的初速度下急踩制动时，（　　）。

A. 轮胎在路面上的拖痕长度

B. 前轮轮胎在路面上的拖痕长度与最后面车轮轮胎在路面上的拖痕长度之和

C. 从脚接触制动踏板（或手触动制动手柄）时起至车辆停止时车辆驶过的距离

33. 机动车辆的电气设备由（　　）两部分组成。

A. 供电设备和用电设备

B. 蓄电池和灯光

C. 蓄电池和仪表

34. 机动车辆普遍使用的是（　　）蓄电池。

A. 铅　B. 锂　C. 氢

35. 装有前照灯的机动车，应（　　）。

A. 装有红、黄、绿灯

B. 装有聚光灯

C. 装有远、近光变换装置

36. 行驶途中，喇叭、灯光发生故障时，（　　）。

A. 可继续行驶

B. 只要能坚持行驶，不熄火，仍可行驶

C. 应停车修复后，方准继续行驶

37. 蓄电池车的蓄电池是（　　）。

A. 启动型蓄电池　B. 牵引型蓄电池

C. 普通型蓄电池

38. 蓄电池车的直流电动机，为了产生能使电枢旋转的磁场，两相邻磁极（　　）。

A. 应为异性　　B. 同为 S 极　　C. 同为 N 极

39. 蓄电池车的直流电动机，具有堵转（“闷车”）性能，即“挖掘机特性”，是因为采用了（　　）接线方式。

A. 并激　　B. 串激　　C. 复激

40. 控制蓄电池车的前行或后退是通过（　　）而实现的。

A. 变换变速箱挡位

B. 换向开关变换电动机的激磁电流方向或电枢电流方向

C. 换向开关变换电动机的激磁电流方向和电枢电流方向

41. 叉车的工作装置由（　　）两部分组成。

A. 驱动桥和转向桥

B. 吊杆和吊钩

C. 起重机构和液压驱动系统

42. 齿轮油泵主要由（　　）组成。

A. 主动齿轮、从动齿轮及泵体等

B. 主动螺旋伞齿轮、从动螺旋伞齿轮及泵体等

C. 蜗轮、蜗杆及泵体等

43. 叉车倾斜油缸是（　　）。

A. 伸缩式套筒液压缸

B. 液压马达

C. 双向作用油缸

44. 叉车的稳定性是指叉车进行装卸作业和在各种道路上行驶时抵抗倾覆的能力。可分为（　　）。

A. 纵向稳定性和横向稳定性

B. 制动稳定性和转向稳定性

C. 装卸稳定性和行驶稳定性

45. 影响叉车纵向稳定性的因素是（　　）。

A. 行驶路面倾斜度（横坡）过大

B. 货物的重量超载

C. 行驶速度快且转向过急

46. 影响叉车横向稳定性的因素是（　　）。

A. 行驶路面倾斜度（横坡）过大

B. 货物的重量超载

C. 载荷重心位于车辆的支承轮廓以外

47. 欲保持车辆技术状况良好，必须对车辆进行科学管理，正确使用，强制维护，视情修理。其中，（　　）。

A. 车辆是基础，技术是关键

B. 管理是基础，使用是关键

C. 群众是基础，领导是关键

48. 驾驶员要坚持“三检”，即（　　）的检查。

A. 早晨、中午、晚上

B. 出车前、维修中、修复后

C. 出车前、作业中、收车后

49. 在新车投入使用之前，要（　　）。

A. 组织驾驶员和维修工进行培训

B. 核对班次、安排好生产

C. 把驾驶室打扫干净，贴好遮阳膜

50. （　　）称为走合期。

A. 机动车辆起步阶段

B. 每月月初

C. 新车或大修后的车辆及装用大修发动机后的车辆，在使用初期

51. 车辆走合期一般按规定减载（　　）。

A. 10%~20%　　B. 20%~25%　　C. 25%~40%

52. 车辆走合期满，（　　）。

A. 应进行一次走合维护　　B. 即可满载运行

C. 应进行大修

53. 车辆的维护应贯彻（　　）的原则。

A. 修理为主、适时维护

B. 预防为主、强制维护

C. 随坏随修、安全运行

54. 一、二级维护属于（　　）。

A. 季节维护　　B. 不定期维护　　C. 定期维护

55. 日常维护是由（　　）负责进行。

A. 驾驶员　　B. 维修工　　C. 修理车间

56. 反应时间就是从刺激到反应之间的（　　）。

A. 时间　　B. 距离　　C. 时距

57. 视线的焦点随着速度增加而距离（　　）。

A. 变近　　B. 变远　　C. 模糊

58. 动视力随车辆行驶速度的变化而（　　）。

A. 提高　　B. 降低　　C. 变化

59. 体内酒精浓度在（　　）时，驾驶机能开始下降。

A. 0.3‰　　B. 0.1‰　　C. 0.5‰

60. 机动车的制动性能是指车辆在最短的时间或距离内（　　）的效能。

A. 立即生效　　B. 强制停车　　C. 采取措施

61. 转弯半径越（　　），车辆的机动性能越好。

A. 大　　B. 小　　C. 适中

62. 视线盲区是指驾驶员行驶中受视线影响，观察不到的视线（　　）区域。

A. 范围　　B. 角度　　C. 死角

63. 在冰冻结雪的道路上行驶时，制动距离的主要特点是（　　）。

A. 变短　　B. 变慢　　C. 加长

64. 燃烧必须在可燃物质、助燃物质和（　　）这3个基本条件相互作用下才能发生。

A. 氧气　　B. 可燃物　　C. 着火源

65. 不同的可燃性液体有不同的闪点，闪点越（　　），其火灾危险性则越大。

A. 低　　B. 高　　C. 浓

66. 爆炸下限和爆炸上限之间的范围称为（　　）。

A. 爆炸　　B. 爆炸浓度　　C. 爆炸极限

67. 油类着火，禁止用（　　）扑救。

A. 沙　　B. 灭火器　　C. 水

68. 车辆伤害事故主要是涉及人、车、（　　）这3个综合因素。

A. 道路环境　　B. 违章　　C. 安全标志

69. 驾驶员应付突发情况，必须对事故冲突点保持充分的缓冲（　　）和缓冲空间。

A. 距离　　B. 速度　　C. 时间

70. 安全通过交叉路口，要突出一个“慢”字，严禁一个“（　　）”字。

A. 快　　B. 争　　C. 停

71. 发生事故要本着“（　　）不放过”的原则，查明原因、分清责任、严肃处理。

A. 三　　B. 四　　C. 五

二、判断题（对的画“√”，错的画“×”）

1. 道德规范是一种行业规范。（　）

2. 职业道德是自然形成的。（　）

3. 社会主义职业道德是社会主义精神文明建设的重要组成部分。（　）

4. 安全就是效益。（　）

5. 钻研技术，规范操作，有高超的技术素质是企业内机动车辆驾驶员职业道德的基本原则之一。（　）

6. 企业内机动车辆是指仅行驶于厂矿内或作业区内的机动车辆。（　）

7. 往返于城市间的长途载客汽车应属于企业内机动车辆。（　）

8. 蓄电池车应属于电动工具。（　）

9. 小型厂矿次要道路路面宽度应不小于 6 m。（　）

10. 厂矿企业厂房引道应与车间大门宽度相适应。（　）

11. 道路的纵面坡度通常用某坡度两点间高度差（垂直距离）与道路中心线的水平长度（水平距离）的百分比来表示。（　）

12. 跨越道路上空架设的管线距离路面的最小净距不得小于 3 m。（　）

13. 道路交通标志中的警告标志、禁令标志属于主标志，指示标志、指路标志属于辅助标志。（　）

14. 指示标志是指示车辆、行人行进的标志。（　）

15. 禁令标志形状分为圆形和顶角向下的等边三角形。（　）

16. 警告标志的颜色为白底、红边、黑图案。（　）

17. 汽车车身主要包括发动机和底盘。（　）

18. 平衡重式叉车在转向桥的后面设置了平衡重块。（　）

19. 汽缸盖与汽缸体之间用衬垫——汽缸垫密封，通过螺栓或螺柱紧固。 (　　)

20. 活塞环也称气环。 (　　)

21. 汽缸的编号方法：习惯上，都以靠近水箱的汽缸为前面由前向后顺序编号。 (　　)

22. 发动机润滑系的作用，顾名思义，就是专门起润滑作用的系统。 (　　)

23. 进气行程是活塞由下止点向上止点移动。 (　　)

24. 柴油机的停机装置必须灵活有效。 (　　)

25. 柴油机压缩行程末的汽缸压力远比汽油机的汽缸压力高(即压缩比大)。 (　　)

26. 汽车传动系的功用是将发动机发出的动力传送给驱动车轮。 (　　)

27. 离合器任何时候都不能打滑。 (　　)

28. 变速器在空挡位置时，可在发动机不熄火、离合器接合状态下切断动力传递。 (　　)

29. 变速器操纵机构通常位于变速器壳内。 (　　)

30. 安装在同一传动轴上的万向节叉应装在同一平面内。 (　　)

31. 采用蜗杆蜗轮传动副的主减速器是为了取得较大的传动比。 (　　)

32. 差速器不能装在同一轴线上。 (　　)

33. 半轴的功用是将差速器的扭矩传递给驱动车轮。(　　)

34. 车架是装饰和外饰品，无需有足够的强度和刚度。 (　　)

35. 前轮定位也就是驱动桥定位。 (　　)

36. 主销后倾是增加直线行驶时的稳定性和转向轮自动回正的能力。 (　　)

37. 主销内倾是保护较小的外轴承和转向节。 (　　)

38. 前轮前束可以减小行驶阻力以及减轻轮胎磨损。( )

39. 悬挂装置是车架与车桥之间弹性连接的传力部件。( )

40. 履带行走装置具有重量轻、行走速度快且转向灵活的优点。( )

41. 履带式行走装置是整台工程机械的支承座。( )

42. 机动车转向轮不得装用翻新的轮胎。( )

43. 同一轴上的轮胎型号和花纹没有规定。( )

44. 履带行走装置中履带张紧度合适，左右一致。履带内不得有异物夹入。( )

45. 采用液压传动的履带行走装置在转弯时，油泵仅供给一个行走油马达的液压油，即可实现绕一条履带转弯。( )

46. 制动器通常利用气阻来产生制动作用，气阻越大，制动效果越好。( )

47. 转向盘的位置可根据生产需要任意设置，无标准要求。( )

48. 转向横、直拉杆断裂后，允许拼焊。( )

49. 机动车及挂车必须设置彼此独立的行车和驻车制动装置。( )

50. 对采用气压制动的机动车辆，当气压升至 600 kPa 时，在不使用制动的情况下，停止空气压缩机工作，3 min 后其气压的降低应不超过 10 kPa。( )

51. 采用液压制动系统的车辆，当保持踏板力为 700 N、达到 1 min 时，踏板可有缓慢、轻微地向底板移动的现象。( )

52. 当挂车与牵引车意外脱离后，牵引车的制动性能必须有效，挂车不做要求。( )

53. 铅蓄电池是一种可逆的化学电源，可以反复地充电和放电。( )

54. 机动车近光光束应防炫目。( )

55. 机动车均应设置喇叭，其音量应足以使人一惊。(　　)

56. 由于蓄电池车没有燃料（汽油或柴油），故可允许在易燃易爆工作场所工作。(　　)

57. 蓄电池车上装用的蓄电池组，输出电压在 110 ~ 220 V。(　　)

58. 若改变蓄电池车电动机激磁绕组电流的方向，则电枢的旋转方向将随之改变。(　　)

59. 晶闸管既具有整流作用，又可有开关的作用。(　　)

60. 晶闸管调速系统中，主晶闸管导通时间短、截止时间长，则电动机处于低速运转状态。(　　)

61. 平衡重式叉车与汽车大致相同，转向桥在前、驱动桥在后。(　　)

62. 叉车液压驱动系统是为叉车起重机构提供各工作油缸的高压油。(　　)

63. 叉车液压油分配阀是由溢流阀和多路换向阀组成的。(　　)

64. 叉车纵向稳定性差时，极易造成转向失控。(　　)

65. 叉车纵向稳定性是指叉车抵抗侧翻和侧滑的能力。(　　)

66. 叉车门架不得有变形和焊缝脱焊现象。(　　)

67. 叉车货叉裂纹不超过该处断面的 50% 以上仍可正常使用。(　　)

68. 左右货叉尖的高度差不得超过货叉水平段长度的 30%。(　　)

69. 多路换向阀的操纵手柄定位应准确、可靠，不得因震动而变位。(　　)

70. 车辆技术状况的好坏直接影响车辆行驶作业安全。(　　)

71. 驾驶员要坚持“三检”，即出车前、作业中、收车后的

检查。 ( )

72. 轮胎气压符合标准是指充气气压不得低于标准，无上限。 ( )

73. 检查发动机机油油面高度的标准是在机油尺刻度的2/4 ~4/4 之间。 ( )

74. 进口车辆必须使用进口的燃、润料。 ( )

75. 在寒冷的环境下，如果蓄电池的电解液密度不够，就有冻坏蓄电池的危险。 ( )

76. 低温环境下，柴油发动机要选用低凝点的柴油。( )

77. 车辆走合期时要减载，不限速。 ( )

78. 车辆维护是降低零部件磨损、预防故障发生、延长使用寿命而采取的预防性技术措施。 ( )

79. 车辆修理是修整已出现的故障，修理或更换已损坏的零部件，为恢复技术性能而采取的技术措施。 ( )

80. 季节维护属定期维护，一、二级维护属于不定期维护。 ( )

81. 日常维护作业中心内容是眼看、耳听、手摸。 ( )

82. 一级维护是由驾驶员负责进行的作业。 ( )

83. 二级维护是由维修人员负责进行的作业。 ( )

84. 车辆二级维护前，应进行检测诊断和技术鉴定。( )

85. 总成大修属于车辆的修理。 ( )

86. 驾驶员从交通环境中得到的情报信息 60% 以上是通过眼睛获得的。 ( )

87. 驾驶员的反应时间值，会因各种因素影响而产生差异。 ( )

88. 车辆行驶中，驾驶员的视觉判断与车辆性能有关。 ( )

89. 车辆在运动过程中，驾驶员处于运动状态，视野就会相对变宽。 ( )

90. 驾驶员饮酒肇事，一般在酒后一个半小时至两小时最容易发生事故。 (　　)

91. 体内酒精浓度在2‰时，驾驶机能开始下降。 (　　)

92. 判断错误所引起的车辆事故，大都是因为驾驶员自己主观危险感与实际危险有差距。 (　　)

93. 车辆起步时，应完全踏下离合器，先松开驻车制动器，后挂挡。 (　　)

94. 夜间在道路旁停车，要打开示廓灯和尾灯，防止碰撞。 (　　)

95. 遇铁路道口栏杆放下或发出停车信号时，无停车线的，应停在距外侧铁轨 10 m 以外。 (　　)

96. 车速越快，越容易破坏车辆的动力性和稳定性。(　　)

97. 车辆转弯时，会产生离心力，车速越快，离心力越大。 (　　)

98. 液体温度越高，蒸发的蒸气越少。 (　　)

99. 控制可燃物质的温度在燃点以上是预防火灾的措施之一。 (　　)

100. 为防止静电，可以用丝绸和毛毯等物品过滤油料。 (　　)

101. 气体着火时，应先切断气源，再用二氧化碳和干粉灭火器灭火。 (　　)

102. 必须对交通的冲突点保持充分的缓冲空间和缓冲时间。 (　　)

103. 遇险情要先顾制动、后顾方向。 (　　)

104. 发生事故后应迅速停车，积极抢救伤者，并迅速向主管部门报告。 (　　)

105. 车辆进入交叉路口前要提前减速，不准超过 30 km/h。 (　　)

三、填空题

1. 道德是一种社会意识，是人们社会行为规范和准则的总和，是调整________之间、________之间关系的准则。

2. 职业是人们在________和________中，比较长期稳定地从事某种专门业务或履行某项特定职责的社会活动。

3. 企业内机动车辆驾驶员必须做到“四懂”，即懂原理、懂________、懂________、懂交通法规。

4. 驾驶员必须做到“三好四会”，即对车辆要用好、管好、________好，会操作、会排故、会________、会维修。

5. 企业内机动车辆运输的管理又可分为对________的管理和对________的管理。

6. 根据《企业内机动车辆驾驶人员安全技术考核标准》规定，企业内大型汽车分类是指总重量大于________kg 或总长度在________m 以上的汽车。

7. 根据《企业内机动车辆驾驶人员安全技术考核标准》规定，专用机械车是指装有________，可以在道路上________的车辆。

8. 道路交通标志分为________和________两大类。

9. 汽油机一般由两个机构和五个系统组成，五个系统是燃料供给系、________系、冷却系、润滑系和________系。

10. 发动机汽缸套有________式和________式两种。

11. 发动机活塞环有________环和________环两种。

12. 发动机冷却系的作用是使发动机的________保持在一定的________之内。

13. 发动机冷却系的冷却方式有________冷式和________冷式两种。

14. 发动机润滑系的功用有润滑作用、________作用、________作用、清洁作用等。

15. 四行程汽油发动机的进气行程中，进气门________，排气门________。

16. 汽车传动系的功用是将发动机发出的________传送给

________。

17. 汽车传动系一般主要由离合器、________、万向传动装置、主减速器、________及半轴等组成。

18. 当汽车起步时，离合器由分离状态逐渐转化为________状态，使向后传递的扭矩逐渐________，保证汽车起步平稳。

19. 机动车变速器的功用之一是：可通过取力器将动力________其他________（如液压泵等）。

20. 主减速器起着降低转速、增大________________和改变________________的作用。

21. 差速器将两个驱动轮装在同一轴线上，当左右轮转速要求不一致时，差速器分别以________转速驱动车轮，从而保证车轮处于________状态。

22. 机动车离合器应接合________，分离________。

23. 变速器换挡时，齿轮啮合灵便，________、自锁装置有效，不得有乱挡、________现象。

24. 行驶系的功用是________，缓和并吸收路面不平所引起的________，保持车辆行驶的可靠性和稳定性。

25. 前轮定位包括主销后倾、________、前轮外倾、______。

26. 履带行走装置具有较大的________和较低的接地比压，稳定性好并有良好的越野性能和________。

27. 车架不得有________、锈蚀和________。

28. 转向车轮轮胎胎冠上花纹深度在磨损后不得小于____mm，其余轮胎胎冠花纹深度不得小于____mm。

29. 操纵系的功用是按照驾驶员的意志控制车辆行驶的________和________。

30. 汽车转向时，通过转向传动机构的梯形结构控制内侧转向轮偏转角度比外侧转向轮偏转角度________，得以保证各车轮处于________，顺利转向。

31. 液压传动履带行走装置，当两个履带油马达旋转方向

________时，即能________转弯。

32. 企业内机动车转向盘最大自由转动量从中间位置向左右各不得超过________；三轮农用运输车不得超过________。

33. 转向节及臂，转向横、直拉杆及球销应________，并且球销不得________。

34. 当挂车与牵引车意外脱离后，挂车应能________，牵引车的制动________。

35. 机动车辆驻车制动性能要求：车辆空载正、反两个方向在________的坡道上，使用驻车制动装置________以上应保持固定不动。

36. 装有前照灯的机动车，当远光变近光时，所有________应能同时________。

37. 铅蓄电池的电解液为浓度是____%～____%的硫酸水溶液。

38. 铅蓄电池正极板是活性物质________，负极板是______。

39. 铅蓄电池初次充电第一阶段为________h，第二阶段以第一阶段充电电流的一半，再充________h。

40. 铅蓄电池日常充电第一阶段为________h，第二阶段为________h。

41. 根据激磁绕组与电枢绕组的接线方式不同，直流电动机可分为________电动机、________电动机和复激电动机。

42. 直流电动机可通过换向开关变换电动机的________电流方向或________电流方向实现正转和反转的变换。

43. 在晶闸管调速系统中，电枢的电压（或电流）取决于主晶闸管________与________的时间比。

44. 叉车是一种搬运机械，是由自行的________和一套能垂直升降、前后倾斜的装卸货物________组成。

45. 叉车横向稳定性是指叉车抵抗________和________的能力。

46. 影响叉车纵向稳定性的因素主要是货物的________和货物的________。

47. 驾驶叉车时为保证横向稳定性，应注意在横向坡路运行时，要________货物的举升高度；控制好________和避免车辆急转弯等。

48. 叉车在额定载荷下，________min 门架自沉量不大于________mm。

49. 叉车液压控制系统中的传动部件在额定载荷、额定速度范围内不应出现________、________和明显的冲动现象。

50. 驾驶员要坚持“三检”，即出车前、________、______的检查。

51. 在 -18℃的气温下，冷启动________次发动机，汽缸磨损相当于行驶________km 的磨损量。

52. 常用国产柴油按凝点分为 10 号、0 号、____号、____号、-35 号。

53. 车辆使用的柴油标号应______于大气环境温度______℃以上。

54. 车辆的维护贯彻________、________的原则。

55. 车辆维护的目的是及时发现和消除______，防止______。

56. 车辆的维护分为________维护、一级维护、二级维护、季节维护、________维护。

57. 新车或大修后车辆的走合维护一般在 1 000 ~ 1 500 km 行驶里程或____ ~ ____工作小时进行。

58. ________维护、________维护属于定期维护，季节维护可结合定期维护合并进行。

59. 日常维护作业中心内容是________、________和安全检视。

60. 一级维护作业中心内容是以清洁、________、________为主，并检查制动、转向等安全部位。

61. 二级维护作业中心内容是以________、________为主，并拆检轮胎，进行轮胎换位。

62. 构成车辆安全的 3 个要素是________、车辆与______。

63. 在直接影响车辆安全驾驶心理素质中，最重要的是驾驶员对道路情况________的________。

64. 反应时间就是从________到________之间的时距。

65. 从产生制动意识到________离开________，这段时间称为反应时间或制动反应时间。

66. 驾驶员的视觉________能力与车辆________有关。

67. 驾驶员的视线焦点随着速度________而距离________。

68. ________视力随着车辆的行驶速度变化而________。

69. 驾驶员血液中________浓度在 0.3‰～0.9‰时，______分散程度增加到 7 倍。

70. 驾驶疲劳是指驾驶员在长时间连续行车后，产生______机能和________机能的失调。

71. 机动车的稳定性是指车辆抵抗________和________的能力。

72. 装载超重，车辆惯性相应________，随之________加长。

73. 机动车停放时，应关闭电门，切断________，拉紧驻车制动，锁好________。

74. 机动车不得在平行铁路装卸线钢轨外侧________m 以内________。

75. 在一定的车速情况下，车辆的________和轮胎与路面的________成反比。

76. 不同的可燃性液体有不同的闪点，闪点越________，其火灾________越大。

77. 将火源或周围的________撤离或隔开，燃烧会因隔离可燃物而停止的灭火方法叫做________。

78. 遇险情要______，在避让时，靠近损失或危害较______的一方避让。

79. 车辆转弯时应保持左右________有足够的________距离。

80. 倒车前应认真观察情况，确认安全后，________起步、________后倒。

Ⅱ. 安全技术考核复习题答案

一、选择题

1. A　2. C　3. B　4. B　5. C　6. A　7. B　8. C
9. B　10. A　11. B　12. C　13. A　14. C　15. B
16. B　17. A　18. C　19. C　20. B　21. A　22. C
23. B　24. A　25. C　26. C　27. A　28. C　29. B
30. B　31. B　32. C　33. A　34. A　35. C　36. C
37. B　38. A　39. B　40. B　41. C　42. A　43. C
44. A　45. B　46. A　47. B　48. C　49. A　50. C
51. B　52. A　53. B　54. C　55. A　56. C　57. B
58. C　59. A　60. B　61. B　62. C　63. C　64. C
65. A　66. C　67. C　68. A　69. C　70. A　71. A

二、判断题

1. ×　2. ×　3. √　4. √　5. √　6. √　7. ×
8. ×　9. ×　10. √　11. √　12. ×　13. ×
14. √　15. √　16. ×　17. ×　18. √　19. √
20. ×　21. √　22. ×　23. ×　24. √　25. √
26. √　27. ×　28. √　29. ×　30. √　31. √
32. ×　33. √　34. ×　35. ×　36. √　37. ×
38. √　39. √　40. ×　41. √　42. √　43. ×
44. √　45. √　46. ×　47. ×　48. ×　49. √
50. √　51. ×　52. ×　53. √　54. √　55. ×
56. ×　57. ×　58. √　59. √　60. √　61. ×

62. × 63. √ 64. √ 65. × 66. √ 67. ×
68. × 69. √ 70. √ 71. √ 72. × 73. √
74. × 75. √ 76. √ 77. × 78. √ 79. √
80. × 81. × 82. × 83. √ 84. √ 85. √
86. × 87. √ 88. × 89. × 90. × 91. ×
92. √ 93. × 94. √ 95. × 96. × 97. √
98. × 99. × 100. × 101. √ 102. √ 103. ×
104. √ 105. ×

三、填空题

1. 人与人　个人与社会　　2. 社会分工　劳动分工　　3. 构造　性能　　4. 维护　检测　　5. 操作人员或驾驶员　车辆　　6. 4 500　6　　7. 充气轮胎　自行行驶　　8. 主标志　辅助标志　　9. 点火　启动　　10. 干　湿　　11. 气　油　　12. 温度　范围　　13. 风　水　　14. 冷却　密封　　15. 开启　关闭　　16. 动力　驱动车轮　　17. 变速器　差速器　　18. 接合　增加　　19. 传给　机构　　20. 输出扭矩　传动旋转方向　　21. 不同　纯滚动　　22. 平稳　彻底　　23. 互锁　自行跳挡　　24. 支承车辆　冲击和振动　　25. 主销内倾　前轮前束　　26. 牵引力　爬坡能力　　27. 变形　裂纹　　28. 3.2　1.6　　29. 方向　速度　　30. 小　纯滚动　　31. 相反　就地　　32. 15°　22.5°　　33. 无裂纹和损伤　松旷　　34. 自行制动　仍然有效　　35. 20%　5 min　　36. 远光　熄灭　　37. 27　37　　38. 二氧化铅（PbO_2）　海绵状铅（Pb）　　39. 25～30　30～40　　40. 7～10　3～5　　41. 串激　并激　　42. 激磁　电枢　　43. 导通　截止　　44. 轮式底盘　工作装置　　45. 侧翻　侧滑　　46. 装载位置　重量　　47. 降低　车速　　48. 10　20　　49. 爬行　停滞　　50. 作业中　收车后　　51. 一　250　　52. －10　－20　　53. 低

5　54. 预防为主　强制维护　55. 故障隐患　早期损坏　56. 日常　走合　57. 60　80　58. 一级　二级　59. 清洁　补给　60. 润滑　紧固　61. 检查调整　62. 人　道路环境　63. 变化　反应速度　64. 刺激　反应　65. 脚　油门踏板（加速踏板）　66. 判断速度　67. 增加　变远　68. 动　变化　69. 酒精注意力　70. 心理　生理　71. 侧滑　倾覆　72. 增大制动距离　73. 电源　车门　74. 2　行驶　75. 制动距离　附着系数　76. 低　危险性　77. 可燃物质隔离法　78. 就轻避重　轻　79. 两侧　横向　80. 鸣笛缓慢

Ⅲ. 企业内机动车辆驾驶员安全技术考核试卷实例

单位________　　姓名________　　成绩________

一、选择题（每题 2 分，共 30 分）

1. 道德是（　　）。

A. 人们行为规范和准则的总和

B. 每天每时都要遇到的问题

C. 维护社会秩序的规章

2. 企业内常用机动车辆分为（　　）。

A. 8 大类　　B. 10 大类　　C. 12 大类

3. 行驶于企业内的机动车辆，由（　　）管理。

A. 公安交通管理部门　　B. 农机管理部门

C. 特种设备安全监督管理部门

4.《工业企业厂内运输安全规程》规定，企业内机动车辆（　　）。

A. 不得用于载人　B. 可载管理人员

C. 对载人无限制

5. 道路交通标志分为（　　）。

A. 警告标志、禁令标志、指示标志等

B. 主标志和辅助标志两大类

C. 交通禁令、交通警示、交通标线等

6. 禁令标志颜色是（　　）。

A. 黄底、黑边、黑图案

B. 白底、红圈、红杠、黑图案

C. 蓝底、白图案

7. 汽车的动力装置是（　　）。

A. 发动机　　B. 电动机　　C. 注塑机

8. 国产发动机的发火次序是（　　）。

A. 1—2—3—4—5—6　　B. 1—3—5—2—4—6

C. 1—5—3—6—2—4

9. 四行程发动机的一个工作循环中，曲轴转（　　）圈。

A. 一　　B. 二　　C. 四

10. 前轮前束是指（　　）。

A. 两前轮后端距离小于前端距离

B. 两前轮后端距离等于前端距离

C. 两前轮后端距离大于前端距离

11. 驾驶员要坚持“三检”，即（　　）的检查。

A. 早晨、中午、晚上

B. 出车前、维修中、修复后

C. 出车前、作业中、收车后

12. 反应时间就是从刺激到反应之间的（　　）。

A. 时间　　B. 距离　　C. 时距

13. 动视力随车辆行驶速度的变化而（　　）。

A. 提高　　B. 降低　　C. 变化

14. 转弯半径越（　　），车辆的机动性能越好。

A. 大　　B. 小　　C. 适中

15. 油类着火，禁止用（　　）扑救。

A. 沙　　B. 灭火器　　C. 水

二、判断题（对的画“√”，错的画“×”。每题 2 分，共 30 分）

1. 社会主义职业道德是社会主义精神文明建设的重要组成部分。（　　）

2. 安全就是效益。 ( )

3. 警告标志的颜色为白底、红边、黑图案。 ( )

4. 汽车车身主要包括发动机和底盘。 ( )

5. 柴油机的停机装置必须灵敏有效。 ( )

6. 离合器任何时候都不能打滑。 ( )

7. 机动车转向轮不得装用翻新的轮胎。 ( )

8. 转向横、直拉杆断裂后，允许拼焊。 ( )

9. 检查发动机机油油面高度的标准是在机油尺刻度的 2/4 ~ 4/4 之间。 ( )

10. 低温环境下，柴油发动机要选用低凝点的柴油。( )

11. 车辆走合期时要减载，不限速。 ( )

12. 车辆行驶中，驾驶员的视觉判断与车辆性能有关。 ( )

13. 驾驶员饮酒肇事，一般在酒后一个半小时至两小时最容易发生事故。 ( )

14. 车辆转弯时，会产生离心力，车速越快，离心力越大。 ( )

15. 气体着火时，应先切断气源，再用二氧化碳和干粉灭火器灭火。 ( )

三、填空题（每空 2 分，共 40 分）

1. 企业内机动车辆驾驶员必须做到“四懂”，即懂原理、懂________、懂________、懂交通法规。

2. 汽油机一般由两个机构和五个系统组成，五个系统是燃料供给系、________系、冷却系、润滑系和________系。

3. 机动车离合器应接合________，分离________。

4. 转向车轮轮胎胎冠上花纹深度在磨损后不得小于______mm，其余轮胎胎冠花纹深度不得小于______mm。

5. 常用国产柴油按凝点分为 10 号、0 号、______号、______号、-35 号。

6. 日常维护作业中心内容是________、________和安全检视。

7. 构成车辆安全的 3 个要素是________、车辆与________。

8. 驾驶员的视觉________能力与车辆________有关。

9. 装载超重，车辆惯性相应________，随之________加长。

10. 车辆倒车前应认真观察情况，确认安全后，________起步、________后倒。

附录一

企业内机动车辆驾驶人员安全技术培训大纲

本大纲规定了企业内机动车辆驾驶员的安全技术理论培训和实际操作培训的目的、要求和内容。

1. 培训对象

拟取得企业内机动车辆驾驶的《特种作业操作证》，并具备企业内机动车辆驾驶上岗基本条件的劳动者。

2. 培训目的

通过培训，使培训对象掌握所驾驶车辆的安全技术理论知识和安全操作技能，达到独立上岗的工作能力。

3. 培训要求

3.1　理论与实际相结合，突出安全操作技能的培训。

3.2　实际操作训练中，应采取相应的安全防范措施。

3.1　注重职业道德、安全意识、基本理论和实际操作能力的综合培养。

3.4　应由具备资格的教师任教，并应有足够的教学场地、设备和器材等条件。

3.5　应采用国家统一编写的培训教材。复审的培训教材由各培训单位根据培训对象和当时的具体情况自行制定。

4. 培训内容

培训包括安全技术理论和实际操作两部分。

4.1　安全基础知识

指所有企业内机动车辆驾驶员都必须培训的内容。

4.1.1　企业内机动车辆的分类。

4.1.2　企业内道路的分类，企业内道路交通标志。

4.1.3　企业内道路的基本安全要求。

4.1.4　企业内安全运输的基本措施，企业内运输安全操作规程。

4.1.5　特殊环境的安全驾驶要求，车辆的安全防火知识。

4.1.6　典型事故案例分析。

4.2　货运汽车（拖拉机、流动式起重机）驾驶员

4.2.1　安全技术理论

4.2.1.1　货运汽车（拖拉机、流动式起重机）的组成。

4.2.1.2　发动机的基本构造、作用、工作原理和组成。

4.2.1.3　底盘的基本构造、作用、工作原理和组成。

4.2.1.4　电气设备的组成、构造和工作原理。

4.2.1.5　货运汽车（拖拉机、流动式起重机）的制动、转向、灯光的安全技术要求。

4.2.1.6　货运汽车（拖拉机、流动式起重机）的使用方法、维护原则、一般故障诊断及排除方法。

4.2.1.7　货运汽车（拖拉机、流动式起重机）的安全驾驶操作规程。

4.2.2　实际操作

4.2.2.1　货运汽车（拖拉机、流动式起重机）安全操作规程和日常维护要求。

4.2.2.2　车辆驾驶方法和考核标准。

4.2.2.3　行车中判断交通车辆、行人动态，并采取相应的措施。

4.2.2.4　常见故障的判断与排除方法。

4.3　蓄电池车驾驶员

4.3.1 安全技术理论

4.3.1.1 蓄电池车的组成。

4.3.1.2 蓄电池车电动机的构造、作用、工作原理。

4.3.1.3 蓄电池车电气控制系统的构造、作用及工作原理。

4.3.1.4 制动系的安全技术要求。

4.3.1.5 蓄电池充电的安全技术要求。

4.3.1.6 蓄电池车的安全驾驶操作规程、维护原则、一般故障判断及排除方法。

4.3.2 实际操作

4.3.2.1 蓄电池车安全驾驶操作规程和日常维护的要求。

4.3.2.2 蓄电池车驾驶方法和考核标准。

4.3.2.3 行车中判断车辆、行人的交通动态，并采取相应的措施。

4.3.2.4 蓄电池车常见故障的判断与排除方法。

4.4 叉车（前置翻斗车）驾驶员

4.4.1 安全技术理论

4.4.1.1 叉车（前置翻斗车）的分类组成。

4.4.1.2 发动机的基本构造、工作原理和组成。

4.4.1.3 底盘的基本构成、工作原理和组成。

4.4.1.4 电气设备、车身的组成、构造和原理。

4.4.1.5 液压系统的组成、工作原理和技术要求。

4.4.1.6 叉车的稳定性。

4.4.1.7 叉车（前置翻斗车）的安全作业、驾驶操作规程。

4.4.1.8 一般故障的判断与排除方法。

4.4.2 实际操作

4.4.2.1 叉车（前置翻斗车）安全作业、驾驶操作规程和日常维护要求。

4.4.2.2 叉车（前置翻斗车）作业、驾驶方法和考核标准。

4.4.2.3 能根据作业环境、货物重心高度、车速保持车辆纵向、横向稳定性。

4.4.2.4　行车中判断车辆、行人交通动态，并采取相应的措施。

4.4.2.5　叉车（前置翻斗车）一般常见故障的判断和排除方法。

4.5　装载机（推土机、挖掘机）等施工机械驾驶员

4.5.1　安全技术理论

4.5.1.1　装载机（推土机、挖掘机）等施工机械的组成。

4.5.1.2　发动机的基本构造、工作原理和组成。

4.5.1.3　底盘的基本构造、工作原理和组成。

4.5.1.4　液压系统的组成、工作原理和技术要求。

4.5.1.5　装载机稳定性要求。

4.5.1.6　装载机（推土机、挖掘机）等施工机械的安全作业、驾驶操作规程。

4.5.1.7　一般故障的判断与排除方法。

4.5.2　实际操作

4.5.2.1　装载机（推土机、挖掘机）等施工机械安全作业、操作规程和日常维护要求。

4.5.2.2　装载机（推土机、挖掘机）等施工机械驾驶方法和考核标准。

4.5.2.3　能根据作业环境、货物条件选用运行路线和方法。

4.5.2.4　行车中判断车辆、行人交通动态，并采取相应的措施。

4.5.2.5　装载机（推土机、挖掘机）等施工机械常见故障的判断和排除方法。

5. 复审培训内容

5.1　典型事故案例分析。

5.2　有关法律、法规、标准、规范。

5.3　有关企业内机动车辆的新技术、新工艺、新材料。

5.4　对上次取证后个人安全生产情况和经验教训进行回顾总结。

6. 学时安排

6.1　每一操作项目的培训时间不少于100学时，其中实际操作培训时间不少于40学时。具体章节课时安排参考见附表。

6.2　复审培训时间不少于24学时。

附表　　企业内机动车辆驾驶员学时安排

<table>
<tr><th rowspan="2">项目</th><th rowspan="2" colspan="2">培训内容</th><th colspan="4">学时</th></tr>
<tr><th>货运汽车（拖拉机）</th><th>蓄电池车</th><th>叉车（前置翻车）</th><th>装载机、推土机等施工机械</th></tr>
<tr><td rowspan="13">安全技术理论部分（共60学时）</td><td rowspan="6">安全基础知识培训（共16学时）</td><td>车辆分类</td><td>1</td><td>1</td><td>1</td><td>1</td></tr>
<tr><td>道路分类</td><td>1</td><td>1</td><td>1</td><td>1</td></tr>
<tr><td>交通标志</td><td>2</td><td>2</td><td>2</td><td>2</td></tr>
<tr><td>道路的基本安全要求</td><td>4</td><td>4</td><td>4</td><td>4</td></tr>
<tr><td>特殊环境安全驾驶要求</td><td>6</td><td>6</td><td>6</td><td>6</td></tr>
<tr><td>车辆的防火知识</td><td>2</td><td>2</td><td>2</td><td>2</td></tr>
<tr><td rowspan="7">安全技术理论培训（共44学时）</td><td>车辆的组成</td><td>1</td><td>1</td><td>1</td><td>1</td></tr>
<tr><td>发动机的基本构造、作用、工作原理和组成</td><td>4</td><td>0</td><td>4</td><td>4</td></tr>
<tr><td>电动机的基本构造、作用、工作原理和组成</td><td>0</td><td>2</td><td>0（蓄电池叉车2）</td><td>0</td></tr>
<tr><td>底盘的基本构造、作用、工作原理和组成</td><td>6</td><td>4</td><td>6（蓄电池叉车4）</td><td>6</td></tr>
<tr><td>电气设备的组成、构造和工作原理</td><td>2</td><td>6</td><td>2（蓄电池叉车6）</td><td>2</td></tr>
<tr><td>车辆制动、转向、灯光的安全技术要求</td><td>10</td><td>10</td><td>10</td><td>10</td></tr>
</table>

续表

项目	培训内容		学时			
			货运汽车（拖拉机）	蓄电池车	叉车（前置翻车）	装载机、推土机等施工机械
安全技术理论部分（共60学时）	安全技术理论培训（共44学时）	车辆的维护和使用方法	6	6	6	6
		车辆的安全作业驾驶操作规程	4	4	4	4
		车辆一般故障诊断及排除方法	5	5	5	5
		典型事故案例及事故的预防	6	6	6	6
实际操作部分（共40学时）		安全操作规程和日常维护	2	2	2	2
		正确作业和驾驶方法及考核标准	2	2	2	2
		起步、停车、转弯、调头和移库	20	20	20	20
		厂区内较复杂环境驾驶培训	8	8	8	8
		作业环境培训	8	8	8	8

附录二

企业内机动车辆驾驶人员安全技术考核标准

1. 适用范围

本标准规定了企业内机动车辆驾驶人员的基本条件、安全技术理论考核和实际操作考核的条件、内容和方法。

本标准适用于中华人民共和国境内从事在企业内行驶的货运汽车、拖拉机、蓄电池车、叉车（含蓄电池叉车）、前置翻斗车、装载机、推土机、挖掘机和轧路机、平摊机等机动车辆驾驶的人员。

2. 引用标准

下列标准所包含的条款，通过在本标准中引用而构成本标准的条文。本标准出版时，所示版本均为有效。所有标准都会被修订，使用本标准的各方应探讨使用下列标准最新版本的可能性。

GB 5768—1999　交通标志与标线

GBJ 22—1987　厂矿道路设计规范

GB 7258—1997　机动车运行安全技术条件

GB 4387—1994　工厂企业厂内运输安全规程

3. 定义

3.1　企业内机动车辆是指仅行驶于厂矿内或作业区内的机动车辆，包括货运汽车（拖拉机、流动式起重机）、蓄电池车、叉车（前置翻斗车）、装载机（推土机、挖掘机）等施工机械。

3.2　企业内机动车辆驾驶人员是指驾驶企业内机动车辆的

人员。

3.3　企业内机动车辆分类：

3.3.1　大型汽车：总质量大于4 500 kg或总长度在6 m以上的货运汽车。

3.3.2　小型汽车：总质量在4 500 kg（含）以下和总长度在6 m（含）以下的货运汽车。

3.3.3　大型转向盘式拖拉机：发动机功率为14.7 kW（含）以上的转向盘式拖拉机。

3.3.4　小型转向盘式拖拉机：发动机功率小于14.7 kW的转向盘式拖拉机。

3.3.5　专用机械车：装有充气轮胎，可以在道路上自行行驶的专用机械车。主要包括内燃叉车、装载机、前置翻斗车、平摊机以及轮胎式挖掘机等。

3.3.6　手扶式拖拉机：用手把操纵转向的轮式拖拉机。

3.3.7　手把式三轮机动车：用手把操纵转向的三轮机动车。

3.3.8　履带车：履带式机动车，包括履带式拖拉机、履带式推土机、履带式挖掘机等。

3.3.9　蓄电池车：以蓄电池为动力、由电动机驱动的车辆，主要包括蓄电池搬运车、蓄电池叉车等。

3.3.10　用于企业内运输的其他机动车辆。

4. 基本条件

4.1　年满18周岁。

4.2　具有初中以上文化程度。

4.3　身高1.5 m以上（驾驶大型车辆的1.6 m以上）；双目视力均在0.7以上（包括矫正视力）；无色盲、色弱；左右耳距音叉0.50 m能辨清声音方向；心、肺、血压正常；无癫痫、精神病、突发性昏厥及其他妨碍驾驶机动车辆的病症或生理缺陷。

5. 考核方法

5.1　考核分安全技术理论和实际操作两部分，经安全技术理论考核合格后，方可进行实际操作考核。

5.2　安全技术理论考核方式为笔试，时间为 2 小时。

5.3　实际操作考核方式包括模拟操作、口试等方式，考核题目不少于 4 题。

5.4　安全技术理论考核和实际操作考核均采用百分制，各 60 分为及格。考核不及格者，允许补考 2 次，补考仍不及格者需重新培训。

6. 考核内容

6.1　货运汽车（拖拉机、流动式起重机）驾驶员

6.1.1　安全技术理论

6.1.1.1　了解企业内机动车辆的分类；掌握企业内道路的分类、道路交通标志、企业内道路的基本安全要求。

6.1.1.2　掌握货运汽车（拖拉机、流动式起重机）的基本构造、主要性能和基本工作原理。

6.1.1.3　熟练掌握货运汽车（拖拉机、流动式起重机）转向、制动装置的基本安全技术要求。

6.1.1.4　了解货运汽车（拖拉机、流动式起重机）的传动、行驶、电气等系统简单原理及组成。

6.1.1.5　掌握货运汽车（拖拉机、流动式起重机）安全驾驶操作规程。

6.1.1.6　了解货运汽车（拖拉机、流动式起重机）的维护原则，熟练掌握日常维护基本作业项目，掌握一般故障诊断及排除方法。

6.1.1.7　了解货运汽车（拖拉机、流动式起重机）防火安全知识，企业内机动车辆伤害事故的种类、原因和预防方法。

6.1.2　实际操作

6.1.2.1　场内驾驶考试

6.1.2.1.1　场内驾驶考试采用设桩和划线相结合的方法进行，除手扶拖拉机需带挂车外，其余考车一律采用空载单车。

6.1.2.1.2　场内驾驶考试主要考察报考人对车辆起步、前进、倒车、转向、停车和通过障碍等基本操作的熟练程度，并观察其判断、反应和控制能力。

6.1.2.1.3　场内驾驶考试如一次不合格，允许接连再考一次，各种车型场内驾驶考试图样见附录1。

6.1.2.2　道路驾驶考试

6.1.2.2.1　道路驾驶考试在企业内有代表性的道路上进行，行车距离不应少于1 000 m，除各种拖拉机需带挂车外，其余考车一律采用空载单车。

6.1.2.2.2　道路驾驶考试主要考察报考人在道路驾驶中的技术应变能力和遵守企业内交通法规及安全操作规程的情况，并观察其实际驾驶技术水平。

6.1.2.2.3　道路驾驶考试全过程中，应有起步、停车、转弯、调头等，道路条件一般应具有上坡、下坡、弯道、交叉路口、标志等。

6.2　蓄电池车驾驶员

6.2.1　安全技术理论

6.2.1.1　了解企业内机动车辆的分类与企业内道路的分类；掌握道路交通标志、企业内道路的基本安全要求。

6.2.1.2　掌握蓄电池车的基本构造、主要性能和基本工作原理。

6.2.1.3　熟练掌握蓄电池车转向、制动装置的基本安全技术要求。

6.2.1.4　了解蓄电池车的传动、行驶系统的主要组成。

6.2.1.5　掌握蓄电池车电气系统一般构造、作用和调速工作原理。

6.2.1.6 了解蓄电池车蓄电池工作原理，电化学反应方程式，掌握日常充电安全技术要求。

6.2.1.7 熟练掌握蓄电池日常维护基本作业项目。

6.2.1.8 掌握蓄电池车安全驾驶操作规程。

6.2.1.9 了解蓄电池车防火安全知识，企业内机动车辆伤害事故的种类、原因及预防方法。

6.2.2 实际操作

6.2.2.1 场内驾驶考试同6.2.1。

6.2.2.2 道路驾驶考试同6.2.1。

6.3 叉车（前置翻斗车）驾驶员

6.3.1 安全技术理论

6.3.1.1 了解企业内机动车辆的分类与企业内道路的分类；掌握企业内道路交通标志、企业内道路的基本要求。

6.3.1.2 掌握叉车（前置翻斗车）的基本构造、特点和基本工作原理。

6.3.1.3 熟练掌握动力装置、转向及制动装置的基本安全技术要求。

6.3.1.4 了解传动、行驶系统的主要构造、组成及一般安全技术要求。

6.3.1.5 掌握工作装置的安全技术要求及重心、车速与稳定性的关系。

6.3.1.6 了解车辆维护原则，掌握叉车（前置翻斗车）的日常维护基本作业项目，一般故障的判断及排除方法。

6.3.1.7 了解叉车防火安全知识，企业内机动车辆伤害事故的种类、原因及预防方法。

6.3.2 实际操作

6.3.2.1 场内驾驶考试同6.2.1。

6.3.2.2 道路驾驶考试同6.2.1。

6.3.2.3　模拟现场作业考核

6.3.2.3.1　模拟现场作业以不大于叉车额定载质量50%的货物进行叉装、叉卸和码垛作业，码垛高度在1.5～2 m之间。

6.3.2.3.2　叉装、叉卸货物主要考察报考人在装卸货物和码垛作业中的实际操作能力和应变能力。

6.4　装载机（推土机、挖掘机）等施工机械驾驶员

6.4.1　安全技术理论

6.4.1.1　了解企业内机动车辆的分类与企业内道路的分类；掌握企业内道路交通标志、企业内道路的基本要求。

6.4.1.2　熟练掌握装载机（推土机、挖掘机）等施工机械动力、转向、制动装置的基本安全技术要求。

6.4.1.3　掌握装载机（推土机、挖掘机）等施工机械工作装置的基本构造、特点和基本工作原理。

6.4.1.4　了解传动、行驶装置的基本组成及构造原理。

6.4.1.5　掌握工作装置的安全技术要求及作业稳定性要求。

6.4.1.6　掌握装载机（推土机、挖掘机）等施工机械的日常维护基本作业项目，了解维护原则，掌握一般故障的诊断及排除方法。

6.4.1.7　了解装载机（推土机、挖掘机）等施工机械的防火安全知识，企业内伤害事故的种类、原因和预防方法。

6.4.2　实际操作

6.4.2.1　场内驾驶考试同6.2.1。

6.4.2.2　道路驾驶考试同6.2.2。

6.4.2.3　模拟现场作业考核

6.4.2.3.1　模拟现场作业以散装货物进行装车、堆垛、平整场地等方式考核。

6.4.2.3.2　主要观察报考人实际作业的操作能力和应变能力。

7. 复审考核内容

7.1 检查违章情况。

7.2 身体检查。

7.3 安全技术理论及实际操作考核合格。

除了考核与准操作项目有关的基本安全技术理论知识和实际操作技能外，还应考核以下内容：

7.3.1 了解典型企业内机动车辆事故发生的原因，掌握避免同类事故发生的安全措施和方法。

7.3.2 了解有关企业内机动车辆驾驶方面的新法律、法规、标准和规范。

7.3.3 了解有关企业内机动车辆方面的新产品、新技术、新工艺。

企业内机动车辆场内图样

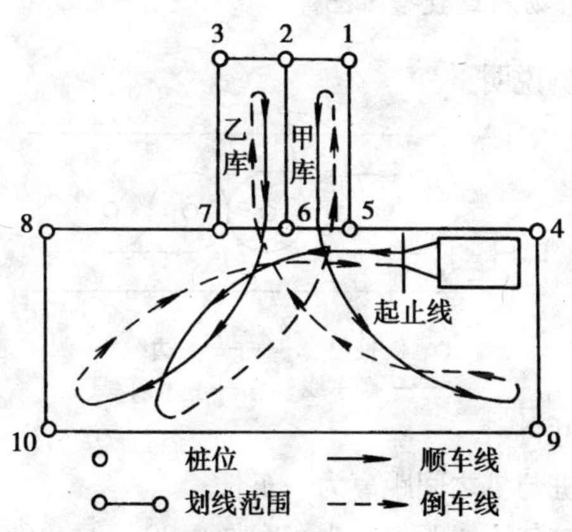

1. 转向盘式机动车场内驾驶考试图

1.1 图例说明

1.2 尺寸

1.2.1　4 ~5 桩和 7 ~8 桩各为 1.5 倍车长。

1.2.2　4 ~9 桩和 8 ~10 桩各为 1.5 倍车长。

1.2.3　4 ~8 桩和 9 ~10 桩尺寸相同。

1.2.4　4 桩至起止线为车长加 1 m。

1.2.5　库长为车长加 2 m。

1.2.6　车宽

a. 小型车辆、转向盘式拖拉机、专用机械车、蓄电池车等均为车宽加 0.40 m。

b. 大型车辆车宽在 2.20 m 以下（包括 2.20 m）为车宽加 0.40 m；车宽在 2.20 m 以上为车宽加 0.60 m。

c. 车长在 7.50 m 以上（包括 7.50 m）大型车辆为车宽加 0.70 m。

1.3　行驶要求

车由起点顺车前进，按图所示路线行驶，最后倒回原位。

2. 手扶拖拉机场内驾驶考试图

2.1　图例说明

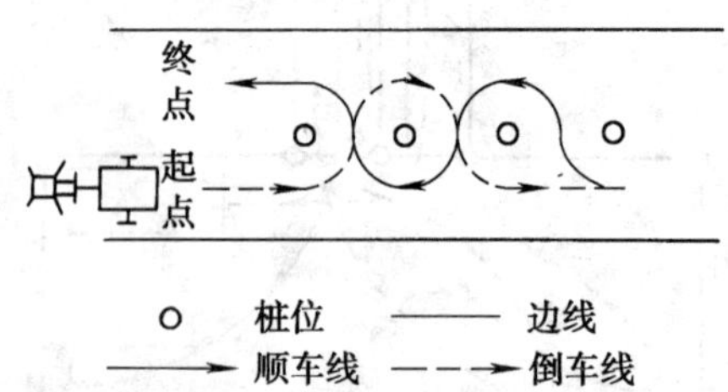

2.2　尺寸

2.2.1　桩与桩之间距离为一车长。

2.2.2　桩与边线距离各为车宽加 0.30 m。

2.3　行驶要求

按图从起点倒车绕桩驶入，再顺车绕桩驶出。